ゼロ から スタート！

馬淵敦士の 版

介護福祉士

新出題基準に対応

1冊目の教科書

かいごのがっこう
ベストウェイケアアカデミー学校長 **馬淵敦士** 著

KADOKAWA

指導実績トップクラスの馬淵講師が合格をナビゲート！

1冊目の教科書に最適！

油断は禁物。必修ポイントを教えます！

介護福祉士試験講師

馬淵　敦士 （まぶち・あつし）

ベストウェイケアアカデミー学校長。「かいごのがっこう ベストウェイケアアカデミー」を設立し、大阪府豊中市を中心に介護人材の育成を行っている。介護系受験対策に精通し、介護福祉士・ケアマネジャー受験対策講座を各地で開催。全国合格率を大幅に上回る実績を残している。

STEP 1　馬淵講師のここがすごい！

① 講師歴16年 受講者実績3,000人超の人気スクールを運営

介護福祉士講座の講師歴は16年、自社講座・外部セミナーの受講者実績は3,000人を超えています。親身な指導でわかりやすいと支持を得ています。

② 合格率9割超の抜群の指導実績。合格ポイントを熟知

スクール受講者の合格率は9割超を記録。合格ポイントを完全に把握しており、忙しい社会人からも効率的な指導法だと好評です。

受講者の声

- ポイントを絞った解説で試験に出るところがよくわかりました
- 勉強が苦手でも1回で合格できました
- メリハリのある講義であっという間に時間が過ぎました
- 仕事をしていても効率的に学習できました
- 学習のフォローが万全で親切でした

STEP 2　合格への確実な一歩が踏み出せる

介護福祉士試験の合格率は 70％程度と難関試験ではありません。しかし、①基礎的な知識を問う問題を落とさない、②現場を想定した事例問題への対応力をつけることが必要です。特に事例問題では、解答の根拠を自分で考えられる力が求められています。本書は徹底した過去問分析から試験の「出るところ・出たところ」を丁寧に解説しており、問題演習の際に必要な「解く力」がみるみる身につきます。

STEP 3　最短ルートの学習法を示します

その1　実際の講義をベースに出るところを凝縮！

人気講義を忠実に再現。頻出ポイントを押さえたムダのない解説により、最短で基礎知識の習得ができます。

その2　類似科目はまとめて学ぶ。記憶に定着しやすい

介護福祉士試験は範囲が広いですが、内容が似ている科目があります。本書では類似科目を効率よく学べるように構成。図表で整理されたポイントを何度も見返すことで、知識の定着を図ることができます。

その3　10 時間で読み切れる見開き構成

1項目見開きで左にポイントを押さえたわかりやすい解説、右に理解しやすい図やイラスト満載でどんどん読み進められます。

介護福祉士
合格を実現！

試験の全体像をつかもう！

介護福祉士国家試験の学習を始める前に、出題内容を見渡してみましょう。筆記試験は5つの領域に分かれています。どのような内容を学ぶことになるかわかると、知識の整理もしやすくなります。同時に、一つ視点を上げて、介護福祉士以後のキャリアステップについても想像してみましょう。

5つの領域

人間と社会

第1章～第3章

介護を考える上での基礎となる理念や、コミュニケーション、福祉制度などの知識

介護

第1章、第2章、
第4章、第9章

介護職としての基本理念から、介護を実践する上での技術的な知識

こころとからだのしくみ

第4章～第7章

老化、認知症、障害などを理解し、対応に活かせるようにするための知識

医療的ケア

第8章

介護職として身につけるべき、緊急時等に役立つ医療的な知識

総合問題

第10章

以上4領域の知識と技術を横断的に問う問題。事例形式で出題される

キャリアの流れ

無資格者と比べると、昇給の機会が増える可能性があります。また、有資格者は就職や転職時に有利になるケースも多いです。日本の高齢化は今後も進行するため、需要も拡大していくと思われます。資格取得後も、ケアマネになるなどの幅広いキャリアアップが考えられます。

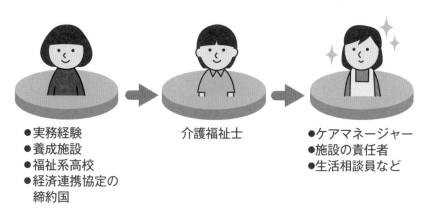

- ●実務経験
- ●養成施設
- ●福祉系高校
- ●経済連携協定の締約国

介護福祉士

- ●ケアマネージャー
- ●施設の責任者
- ●生活相談員など

もっと学びやすくなる！　読者特典のご案内

聞き流し用の音声テキストのダウンロード

本書の主要な解説について、音声化されたデータ（MP4）がダウンロードできます。
商品ページ内のリンクからダウンロードができます。
※本特典は予告なく提供を終了する場合がございます。あらかじめご了承ください。
https://kdq.jp/sfnfr

直前対策ができる YouTube チャンネル

「介護福祉士 KADOKAWA 資格の合格チャンネル」にて、試験の直前対策になる動画を無料で公開しています。聞き流し用の音声テキストはこちらでも公開しているので、併せてご活用ください。
https://kdq.jp/5m3a6

はじめまして。大阪府豊中市にあります「かいごのがっこう　ベストウェイケアアカデミー」で介護福祉士国家試験の講師をしている馬淵敦士といいます。

　介護福祉士は、介護を業とするさまざまな資格の中で唯一の国家資格であり、これから介護を仕事としようとする人が目標とする資格です。国家資格とはいえ、合格率が70％程度にも達するため、受験者の多くが合格しています。そのため、「やさしい試験で介護の知識もあるので、直前だけ学習すればよいのでは？」という方もいるかもしれません。**しかし、しっかり対策しないまま当日を迎え、「あと数点」で不合格になってしまう受験者が本当に多いのです。**

　本書は、入門書という形をとっていますが、単に基本的な知識をやさしく解説するだけでなく、試験に出る重要ポイントを1冊に凝縮しています。また、試験では5領域13科目から出題されますが、仕事をしながら取得を目指す方がムダなく効率的に学習できるよう、重複した内容は類似科目として可能な限りまとめて構成しています。本書をひと通り読み、過去問学習を繰り返すことで、合格ラインまでの「あと数点」を逃さず合格を勝ち取ることができるはずです。

　本書を活用して資格を取得されることで、介護福祉士として、ひとりでも多くの高齢者が活力を持って生活できる社会を構築していきましょう。あなたの「第一歩」を私は応援しています。

　　　　　　　　　　かいごのがっこう ベストウェイケアアカデミー　学校長　馬淵 敦士

① 介護福祉士試験の概要

実務経験３年＋実務者研修修了が受験資格の基本ルート

　介護福祉士になるためには、下図のようにいくつかのルートがあります。ここでは、受験者が最も多いと考えられる「**実務経験ルート**」を説明していきます。実務経験ルートは、主に「介護における実務経験３年」＋「実務者研修修了」が該当します。

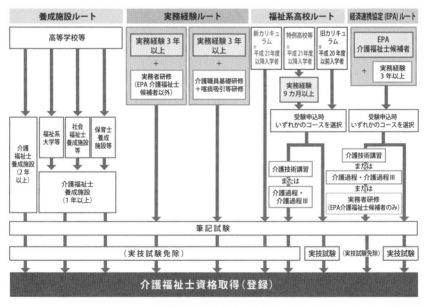

（出典）公益財団法人　社会福祉振興・試験センターウェブサイト

　試験は例年１月の最終日曜日に行われますが、実務経験は、その年の３月31日まで含めることができます。たとえば、令和７年１月26日（日）の試験を受験するためには、令和７年３月31日までに３年の実務経験を満たせばよいことになります。なお、「実務経験３年」とは、「**３年の期間のうち540日以上、介護の仕事に従事している**」ことを意味します。

願書の出し忘れに要注意！

先ほど試験は毎年1回、1月の最終日曜日に行われると述べましたが、実施要綱（受験の手引き）の交付は7月以降、**願書提出時期は8月～9月**となります。毎年願書を出し忘れる人が必ずいますので、要注意です。

「受験の手引き」は「公益財団法人 社会福祉振興・試験センター」に請求します。ウェブサイトを定期的にチェックしておきましょう。

試験はマークシートの五肢択一方式

試験時間は、午前110分（68問）、午後110分（57問）で行われ、問題数は合計125問（1問1点）です。出題範囲は5つの領域（人間と社会／介護／こころとからだのしくみ／医療的ケア／総合問題）に分かれており、下表のようにさらに13科目に分かれています。出題形式は5つの選択肢より正しいもの・適切なものを1つ選択する「五肢択一」式になっています。

なお、令和4年度（第35回）試験から新しい出題基準が適用されました。

領域	科目群	科目	問題数
人間と社会	①	人間の尊厳と自立	2
	②	人間関係とコミュニケーション	4
	③	社会の理解	12
介護	①	介護の基本	10
	②	コミュニケーション技術	6
	④	生活支援技術	26
	⑤	介護過程	8
こころとからだのしくみ	⑥	発達と老化の理解	8
	⑦	認知症の理解	10
	⑧	障害の理解	10
	⑨	こころとからだのしくみ	12
医療的ケア	⑩	医療的ケア	5
総合問題	⑪	総合問題	12

合格基準は約6割だが、0点だと不合格となる科目群がある

　筆記試験の合格基準は、問題の総得点の60％（75点）を基に毎年変わります。基準点は、ここ数年72点〜78点で推移していますので、80点程度得点できれば問題ないでしょう。しかし、**11の科目群**（「**人間の尊厳と自立／介護の基本**」、「**人間関係とコミュニケーション／コミュニケーション技術**」は2つで1つ）**のなかで1つでも0点があると不合格**となってしまうため、注意が必要です。そのため、苦手分野をつくらないことが望ましいです。

　直近数年の受験者数は約8〜9万人、合格率は例年70％程度となっています。基準点は試験難易度によって上下しますが、基本的な問題を正解できれば、合格点に到達することが可能です。

　また、一部の受験者が対象となる実技試験は東京都と大阪府が受験会場となっており、筆記試験と同じく60％程度が基準合格点となります。

登録することで介護福祉士と名乗れる

　合格発表は3月下旬で、公益財団法人社会福祉振興・試験センターのウェブサイト等にて公表されます。発表と同時に、受験者には書面が送られてきます。その中には、介護福祉士試験合格証と登録申請書が入っていますので、すぐに登録申請書に記入して、送付しましょう。

　合格しただけでは「介護福祉士」と名乗ることができません。**登録日が基準**となるため、登録申請が必要です。合格証が届いたら、すぐに登録手続をしてくださいね。

誰もが解けないような問題は出題されませんが、基礎知識をしっかり身につけて1問1問確実に解いていきましょう！

❷ 効果的な学習プランの立て方

　介護福祉士試験は毎年1月下旬に実施されますが、一発合格を目指すには、使用教材の選定や無理のない学習スケジュールを立てることが必要です。ここでは、効果的に学習ができる教材や目安となるスケジュールを紹介します。

介護福祉士のおすすめ教材

　何度か述べていますが、介護福祉士試験では13科目に及ぶ介護福祉士としての**基本的な知識をしっかり学習し、他の受験者が得点しやすい問題を確実に得点することで合格できます。**

　また、介護の仕事を経験されている方も多いかと思いますが、実務と試験で問われる知識が異なることもありますので、テキストでの基礎学習は必要です。以下におすすめの教材をあげていますので、教材選びの参考にしてください。

❶基本書（本書）

　本書は入門書でもあり、重要ポイントをまとめた基本テキストでもあります。まずは本書で基礎知識を習得しましょう。読み終えたら過去問学習と併用して知識を定着させていきます。不安な方は❷のテキストなどで知識を補いましょう。ただし、細かい知識の深追いは禁物です。

❷テキスト

　『わかる！受かる！介護福祉士国家試験合格テキスト』（中央法規出版）

　出題範囲について、豊富な図表を使用し、平易な解説でまとめた受験参考書です。

❸過去問題集

　各社から過去問題集が刊行されていますので、自分に適したものを1冊選んで解きましょう。収録年数は少ないが詳しく解説されているもの、7年分も収録されているものなどさまざまです。目安は3年分を解けばよいでしょう。間違えた部分は本書で繰り返し復習しましょう。

❹直前対策セミナー

　試験は例年1月下旬に行われます。独学だけでは不安な方、合格をより確実にしたい方は直前対策セミナーを受講するとよいでしょう。各社11月ごろからオンライン等で実施しています。

❺動画教材

　近年では映像や音声で学習できる教材も増えています。視覚や聴覚を使うことで、より着実に知識を定着させることができます。特に学習に苦手意識がある人にはおすすめの方法です。

学習スケジュール

　介護福祉士試験の学習期間は約4カ月が平均のようです。実務経験ルートの受験者は仕事をしながらの学習となるのがほとんどだと思います。**スキマ学習や完璧を目指さない学習法で効率的に合格に必要な知識を獲得するようにしましょう。**

◆ 介護福祉士の標準的な学習スケジュール

テキスト中心の学習期間	10月	試験では深い知識よりも基本的な知識や実践を意識した問題が出題されます。 本書で基礎固めができたら過去問学習に切り替えましょう。
演習中心の学習期間	11月 12月	過去問題集を使って、テキストで学んできた知識の定着を図ります。テキストと問題集を往復することで確実に得点力をアップさせましょう。
直前期	1月	知識定着の総ざらいのために直前対策セミナーを受講したり、実力確認のために模擬試験を受けるとよいでしょう。
試験本番	1月下旬	今まで学習してきた実力を発揮できるよう体調管理に注意しましょう。

仕事をしながら学習される方が多いと思いますので、余裕をもった学習スケジュールを組み立てましょう

③ 10数年の指導から編み出した 究極の学習法

合格者続出の4つの学習法

　ここからは、介護福祉士試験に合格するための具体的な「学習法」をお伝えします。過去10数年の指導から編み出した究極の学習法であり、王道といえるものです。ちなみに、私は、基本的に強制されているイメージのある「勉強」という言葉は使いません。主体的な「自ら学び習う」行為である「学習」という言葉を使っていきます。

学習法① 「10分間学習法」を毎日の習慣にしよう

　私が指導した合格者の多くは、「毎日学習しました」と言います。とはいえ、ここで「毎日1時間は机に向かいましょう！」と言われても、長続きはしないでしょう。そこで私は、「**毎日10分間、介護福祉士の学習に触れること**」をおすすめしています。学習ではなく、「触れる」がポイントです。
「触れる」とは、テキストを持ち歩いて開き、目を通すという行動です。「え？それだけでいいの？」と思われるかもしれませんが、これが重要なのです。
　実は、テキストに目を通すだけで意識が働き、脳にインプットされるのです。これにより、常に「介護福祉士試験」が意識されるようになります。日々、テキストを意識することで、脳は「重要な情報である」と認識してくれるので、学習すべきことが頭に残ります。
　おすすめの「触れ方」は、「**寝る前5分間、テキストを見ながら眠りにつき、起きて5分間テキストを見る**」方法です。この方法だとテキストを持ち運びしなくてよいので習慣化しやすいです。最初は「何が書かれているかわからない……」と思うかもしれませんが、だんだん内容が理解できるようになります。この10分間の繰り返しが大きな力になっていきます。

学習法② 「過去問学習」でアウトプット力を鍛える

　ある程度の知識が身につくと、過去問学習に入ることになります。ただ、

最初はなかなか解けません。そもそも、「テキストを覚えること」と「問題を解くこと」は違うことなのです。

運動にたとえるならば、「テキストを覚える（インプット）」は、筋トレのようなものです。野球の試合で結果を出そうとすれば、筋トレだけではヒットやホームランを打てないですよね。打つためには、バッティングセンターなどでのトレーニングが必要です。**このトレーニングがアウトプットと呼ばれる「問題演習」です。**アウトプットにおいても、ストレートだけ打てても活躍はできません。時には変化球を打つ練習もしなければならないのです。問題演習を繰り返していくと、解けるようになります。

学習法③　模擬試験では試験の疑似体験を

本番までに、**会場での模擬試験を１度は受験しておきましょう。**本番前の「練習試合」のようなものですね。時間配分はどうだったか、マークミスはなかったか、緊張しなかったか、などを振り返りましょう。

点数をあまり気にする必要はありませんが、結果表の「正答率」だけは配慮が必要です。受験者の多くが正解する正答率70％以上の基礎問題を間違えていないかを確認し、しっかり復習しましょう。

学習法④　苦手分野より得意分野を伸ばす

０点を取ると不合格となる科目群があることから、苦手分野を必死に覚えようとしてしまいます。知識をつけるという意味ではよいですが、暗記が苦痛になってしまい、学習に挫折する可能性があります。そこで、**得意科目でしっかり点数を稼ぎ、苦手な部分は１点でもよい**という考え方を持つことも必要でしょう。仮に、「障害の理解」や「認知症の理解」が苦手で１点しかとれず、他の難しい科目である「社会の理解」が４点、「人間の尊厳と自立」が０点であっても、他で一定の点数をとれば、75点程度は取ることが可能です。

これでも合格点に到達しますが、安全ラインの80点に到達するためには、残り５点を得意分野で上積みしましょう。

Contents 馬淵敦士の介護福祉士 1冊目の教科書

第1章

人間の尊厳と自立／介護の基本

第2章

人間関係とコミュニケーション／
コミュニケーション技術

第3章

社会の理解

第4章

生活支援技術／こころとからだのしくみ①

第5章

発達と老化の理解／こころとからだのしくみ②

第6章

認知症の理解

第7章

障害の理解

第8章

医療的ケア

・本書は原則として 2023 年 12 月時点の情報に基づいて執筆・編集を行っています。
・内容は令和 4 年度（第 35 回）試験から適用されている「介護福祉士国家試験出題基準（予定版）」に基づいています。
・試験に関する最新情報は、試験実施機関のウェブサイト等でご確認ください。

本文デザイン　デジカル／DTP　フォレスト／本文イラスト　寺崎愛、福々ちえ
Map デザイン　島崎哲雄デザイン事務所

第 **1** 章

人間の尊厳と自立／
介護の基本

「人間の尊厳と自立」は午前中、最初の2問として出題されます。最近の傾向は、1問が事例問題となっており、この章で述べる「自立支援」や「尊厳」などがキーワードです。また、「介護の基本」は介護福祉士が規定されている法律や介護保険法などについて幅広く問われます。12問のうち6問以上の正解を目指しましょう！

01 人間の尊厳と利用者主体

日本の法律において、「尊厳」がどのように
定義されているかを理解しましょう

　介護の現場で働いているみなさんは、職場で日常的に「利用者（介護サービスを利用する人）の**『尊厳の保持』が大切**」という言葉を見聞きしているのではないでしょうか。

　普段はなんとなく納得していたかもしれませんが、そもそも「尊厳」とは、いったいどういうものであると考えているでしょうか。

「尊厳」という言葉を調べてみると、多くの意味がありますが、介護福祉士の学習をしていくうえで、私は「存在価値」と説明しています。

　つまり、人間の尊厳とは「**人としての存在価値**」を示し、尊厳の保持とは「**その人の存在価値を認める**」ということです。

「尊厳 ＝ 存在価値」は、憲法と法律で保障されている

「その人の存在価値を認める」ということは当たり前のことのように思えますが、実際は、それができていないことが多々あります。

　たとえば、虐待（101ページ参照）も、その1つです。虐待とは、その人の存在価値を否定する行為です。人を人として扱わない行為であり、非常に重い罪でもあります。

　この「尊厳」については、日本国憲法をはじめ、さまざまな法律に明記されています。

　たとえば、**日本国憲法**では、「基本的人権」（第11条）として示されていますし、**社会福祉法**では、「福祉サービスは、個人の尊厳の保持を旨とし、その内容は、福祉サービスの利用者が心身ともに健やかに育成され、又はその有する能力に応じ自立した日常生活を営むことができるように支援するものとして、良質かつ適切なものでなければならない」（第3条）と明記されています。

◉ 人間の尊厳と人権に関する憲法と法律の条文

●日本国憲法

第11条	**基本的人権** 国民は、すべての基本的人権の享有（きょうゆう）を妨げられない。この憲法が国民に保障する基本的人権は、侵すことのできない永久の権利として、現在及び将来の国民に与へられる。
第13条	**個人の尊重と公共の福祉** すべて国民は、個人として尊重される。生命、自由及び幸福追求に対する国民の権利については、公共の福祉に反しない限り、立法その他の国政の上で、最大の尊重を必要とする。
第25条	**生存権及び国民生活の社会的進歩向上に努める国の義務** • すべて国民は、健康で文化的な最低限度の生活を営む権利を有する。 • 国は、すべての生活部面について、社会福祉、社会保障及び公衆衛生の向上及び増進に努めなければならない。

●社会福祉法

第3条	**福祉サービスの基本的理念** 福祉サービスは、個人の尊厳の保持を旨とし、その内容は、福祉サービスの利用者が心身ともに健やかに育成され、又はその有する能力に応じ自立した日常生活を営むことができるように支援するものとして、良質かつ適切なものでなければならない。

条文を読むのに苦手意識のある方も、書かれている内容は、しっかり理解しておいてくださいね

ワンポイント

条文は丸ごと覚える必要はありません

人間の尊厳と自立の出題傾向は、事例問題が1問あり、もう1問は難しい問題であることが多いのですが、上記のような法律の条文について問われることもあります。ただし、条文を丸ごと暗記する必要はなく、「どのようなことが書かれているか」を理解しておけば大丈夫です。

02 介護福祉の基本理念

すべての人の人権を尊重するために必要なのが
アドボカシー（代弁・権利擁護）です

　日本国憲法では、「**基本的人権の尊重**」が規定されていて、「すべての国民」に対して人権が尊重されなくてはいけません。しかし、しばしば人権を侵害されるような事案も発生します。そうした人権侵害の対象になりやすいのが、高齢者や障害者、子どもなどの弱者です。間違ってほしくないのは、こうした弱者の人権さえ尊重されればよいというのではなく、**対象者が誰であっても「人権は尊重されるべき」**ということです。

「自己選択」と「自己決定」を支援することが重要

　私たち自身がどのように生きていくかは、ほかの人が決めることではありません。どこに住み、何を食べ、何を着るかを決めるのは、自分自身の権利です。それが自己選択であり、自己決定です。

　しかしながら、それができない人もいます。疾患や障害など、さまざまな理由によって、それができない利用者（介護サービスを利用する人）を支援するために、介護福祉職は権利擁護を進めていきます。

アドボカシーとは、「代弁」「権利擁護」を意味する

　アドボカシー（advocacy）とは、英語のアドボケイト（advocate：擁護する・代弁する）から転じて、権利擁護の運動や活動において、**当事者の主張を代弁する**といった意味として使われることが多いです。

　たとえば、権利の侵害を受けたときにも、その出来事をうまく伝えられない人がいます。そうした人の代わりに意思や主張を代弁することがアドボカシーであると考えてください。これは重要な用語なので必ず覚えておきましょう。権利擁護のための制度としては、**成年後見制度や日常生活自立支援事業**があります（98、132ページ参照）。

◎ 権利擁護とは

| 権利擁護 | = | すべての人の自己選択・自己決定を尊重し、権利を行使できるように支援すること |

自己選択 今日、着る服は？

自己決定 これを着る！ これは着ない！

自己選択と自己決定は、「自分がどう生きるのか」を考えていくための第一歩です。これを支援できているかどうかを見つめ直してみましょう

ワンポイント

支援における自己選択・自己決定・自己責任

自分で決めることを自己選択といいますが、それには自己決定と自己責任がついてきます。「自分で決めたことは自分で責任をとる」という意味ですが、利用者には少し厳しいですよね。しかし、逆にいえば、支援者が決めてしまうと、責任の部分があいまいになってしまいますので注意しましょう。

03 介護福祉の歴史

日本の超高齢社会に対応するために
介護保険制度がつくられました

　日本は高齢化が急激に進展しましたが、そもそも「高齢化とは何か」を考える際に、「高齢化率」が問われます。高齢化率とは、全人口に占める高齢者（65歳以上）の割合を指し、7％を超えると「**高齢化社会**」、14％を超えると「**高齢社会**」、そして21％を超えると「**超高齢社会**」となります。

　日本の場合、高齢化社会から高齢社会に進展するのに24年かかりましたが、高齢社会から超高齢社会への到達はわずか13年でした。そのため、高齢者福祉への早急な対応が求められ、**介護保険制度**がつくられました。

社会福祉六法の1つ「老人福祉法」が制定された

　高齢者福祉の基盤となる**老人福祉法**は1963（昭和38）年に制定されました。たとえば、特別養護老人ホームの入所基準が「①65歳以上、②身体上または精神上著しい欠陥がある、③常時介護が必要で居宅で介護を受けることができない者」などと定義されています。これは、次で述べる介護保険法の対象者と似ていますが、行政が入所を決める制度（措置）であることが大きな違いです。

超高齢社会を見据えて「介護保険法」が制定された

　介護保険法は1997（平成9）年に制定されました。実際のスタートは2000（平成12）年なので、こちらを覚えている人の方が多いかもしれません。

　先ほど述べた通り、当時、日本の高齢化が急激に進展し、介護・医療の新しい制度を確立させる必要がありました。その中で新たな社会保険の制度として誕生したのが介護保険制度です。老人福祉法とは異なり、**介護保険法では「利用者本位」の考え方や「契約制度」が導入**されました。また、それに伴い、**利用者負担が「応益負担」**となりました。

◎ 老人福祉法と介護保険法の違い

項目／法律	老人福祉法	介護保険法
利用方法	措置	契約
利用料	所得に応じた負担（応能負担）	利用に応じた負担（応益負担）
ケアマネジメント	×	○

◎ 高齢化の進展（世界との比較）

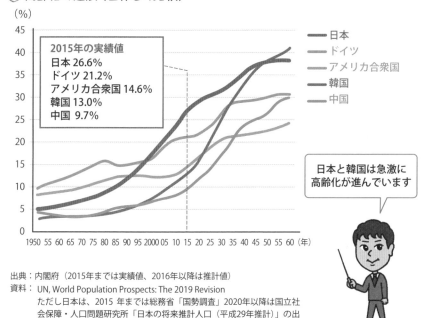

2015年の実績値
日本 26.6%
ドイツ 21.2%
アメリカ合衆国 14.6%
韓国 13.0%
中国 9.7%

日本と韓国は急激に高齢化が進んでいます

出典：内閣府（2015年までは実績値、2016年以降は推計値）
資料：UN, World Population Prospects: The 2019 Revision
　　　ただし日本は、2015年までは総務省「国勢調査」2020年以降は国立社会保障・人口問題研究所「日本の将来推計人口（平成29年推計）」の出生中位・死亡中位仮定による推計結果による

ワンポイント

介護保険法は老人福祉法より出題可能性が高いです！

この分野に限らず、介護保険法に関する出題は頻出です。介護保険法については深いところまで学んでおきましょう。老人福祉法との違いを理解していると次に進みやすくなりますよ。

04 介護福祉士の役割と機能

でる度 ★★★

介護福祉士には、守るべき義務と
規定に違反した場合の罰則があります

　介護職の国家資格「介護福祉士」が誕生したのは 1987（昭和 62）年です。介護福祉士を規定している法律は、「社会福祉士及び介護福祉士法」です。この法律ができた当時、介護福祉士の役割は「専門的知識及び技術をもって、入浴、排せつ、食事その他の介護を行うことを業とする者」、すなわち、自らが率先して三大介護を行うことでした。その後、2007（平成 19）年の改正で、「心身の状況に応じた介護を行う」者に修正され、かつ「介護に関する指導を行うこと」も介護福祉士の業務となりました。また、2011（平成 23）年の改正では、医療的ケア（第 8 章参照）も業務に加わりました。

介護福祉士には、守るべき義務がある

　社会福祉士及び介護福祉士法には、**介護福祉士が守るべき義務**が定められています。利用者の立場に立って業務を行う誠実義務、介護福祉士の信用を傷つけてはならないという信用失墜行為の禁止、業務で知り得た情報を漏らしてはいけないという秘密保持義務、他職種と連携しなければならないという連携の義務、常に知識及び技能の向上に努めなければならないという資質向上の責務です。

介護福祉士の義務規定に違反すると、罰則がある

　社会福祉士及び介護福祉士法では、**義務規定違反に伴う罰則**も規定されています。たとえば、秘密保持義務違反には 1 年以下の懲役または 30 万円以下の罰金が科せられます。また、介護福祉士は名称独占資格であるため、名称の使用制限違反（介護福祉士でない者が介護福祉士を名乗った場合など）には 30 万円以下の罰金が科せられます。また、信用失墜行為の禁止に違反した場合は、**登録の取消**や**名称使用停止の罰則**が科せられます。

◎ 介護福祉士とは？

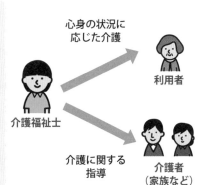

「社会福祉士及び介護福祉士法」における
介護福祉士の定義

介護福祉士の名称を用いて、専門的知識及び技術をもつて、身体上又は精神上の障害があることにより日常生活を営むのに支障がある者につき心身の状況に応じた介護（「喀痰吸引」等を含む）を行い、並びにその者及びその介護者に対して介護に関する指導を行うことを業とする者

◎ 介護福祉士が守るべき5つの義務

| 誠実義務 | 信用失墜行為の禁止 | 秘密保持義務 | 連携の義務 | 資質向上の責務 |

◎ 信用失墜行為の例

NEWS

介護福祉士が虐待を……

世間の人のイメージ

「介護福祉士って、虐待するのね！」

ある介護福祉士が、福祉施設で虐待を行い、それが全国ニュースとなることで、「介護福祉士でも虐待するんだ…」などと思わせてしまうことがあります。そういう世間の信用を失墜させる行為が「信用失墜行為」です。虐待に限らず、窃盗などの犯罪行為も同様です。

📖 ワンポイント

介護福祉士に関する出題は多いです

介護福祉士の試験なので、介護福祉士についての出題も当然、多いです。介護福祉士の業務の範囲についても問われます。たとえば、「医療的ケアのうち、何ができるか」といった出題もありますから、幅広く理解しておきましょう。

ノーマライゼーション

ノーマライゼーションの理念を実現するのが
バリアフリーとユニバーサルデザインです

ノーマライゼーションという言葉を聞いたことがあると思います。デンマークのバンク・ミケルセンが提唱した考え方で、**障害の有無にかかわらず「人として人らしい」生活を営むのが望ましい**という理念です。

バンク・ミケルセンは、デンマークのある知的障害者施設を見学に行った際、全員が同じ時間に同じことをしているのを見て大変驚いたそうです。この施設では、何があっても、必ず6時起床、7時に朝食……という固定のスケジュールで運営されていました。ここで彼が「無理やり決められたリズムで生活しているのは人間らしくない」と感じたことがきっかけとなり、この理念が広まっていったのです。そのような経緯で、バンク・ミケルセンは「ノーマライゼーションの父」と呼ばれています。介護における「利用者主体」や「尊厳の保持」などの考えは、このノーマライゼーションの理念から派生した動きであると考えればよいでしょう。

バリアフリーとユニバーサルデザインの考え方

ノーマライゼーションを実現するための方法として、バリアフリーとユニバーサルデザインがあります。この2つの考え方は似ていますが、違いを理解しておきましょう。

バリアフリーは、もともとは建築用語です。物理的バリアフリー、すなわち段差をスロープにしたり、階段の代わりにエレベーターを設置するなど、**「もともとある障壁（バリア）を取り除く」**という意味です。

ユニバーサルデザインは、**「誰もが使いやすいもの」**という意味です。そもそもバリアがないように、施設や製品を誰にとっても使いやすくデザインするという考え方です。

◎ ノーマライゼーションの考え方

知的障害者施設

1日のスケジュール

7：00　起床
8：00　食事
9：00　入浴
　：
20：00　就寝

＋

劣悪な処遇

24時間、365日、全員が固定されたスケジュールで生活しているのは人間らしくない！

バンク・ミケルセン（デンマーク）

↓

障害の有無にかかわらず
「人として人らしい」生活を営むのが望ましい
＝
ノーマライゼーション を提唱した

◎ 利用者本位で考えることが重要

利用者
主役

自宅にいたい

自宅で家族と
一緒にいたい

自宅で
生活できる♪

合意点
自宅で生活し
日中はデイサービス
時々ショートステイ
を利用

周囲の人
脇役

施設に入ってほしい

毎日介護する
のはしんどい…

毎日の介護の
負担が軽減♪

📖 ワンポイント

利用者本位の正しい考え方をつかみましょう

利用者本位の意味は「利用者の言うことがすべて」ではありません。
そうではなく、「利用者の真のニーズをつかむことが重要」なのです。
特に事例問題については、この考え方で読み解いていくと正解が導き出せます。

ICIDH と ICF

ICIDH（国際障害分類）から
ICF（国際生活機能分類）への変遷を理解しましょう

　1980 年、WHO（世界保健機関）は障害の分類法である ICIDH（国際障害分類）を発表しました。この ICIDH は策定当初から多くの問題点が指摘されていました。その一部は誤解の部分もあったようですが、分類の対象が障害者に限定されていたり、障害があることで社会的不利を受けるのが半ば運命論的になっているなど、マイナス面を強調するような内容でした。そこで、ICIDH の第 2 版として、2001 年に ICF（国際生活機能分類）が提唱されました。

ICIDH（国際障害分類）から ICF（国際生活機能分類）へ

　ICF（国際生活機能分類）は、対象者が障害者のみではなく、生活をする者すべてとなりました。そのため、この ICF の考え方は、障害の有無に関わらないすべての人に当てはまるようになっています。

　かつての ICIDH の運命論では、**一方向の矢印の図式**がありました。たとえば、「足に障害がある」（機能障害）、だから「歩けない」（能力障害）、だから「外に行けない」（社会的不利）という具合です。

　しかし、ICF の考え方は異なります。「足に障害があるから歩けない」（心身機能・身体構造）、けれども「車いすを使って」（環境因子）、「外に行くことができる」（活動）という考え方になるからです。つまり、それぞれの機能や因子が支え合うことによって、プラスを生み出せることがわかります。ですから、ICF を図式化すると、**矢印が双方向**に出ています。これを ICF の「相互作用」といいます。

　ICF では、生活機能を「心身機能・身体構造」「活動」「参加」の 3 つのレベルに、背景因子を「環境因子」と「個人因子」に分類しています。それぞれの要素の相互作用を見ていくことで、個別ケアが可能になります。

◎ ICIDH（国際障害分類）

障害があれば社会的不利になってしまう

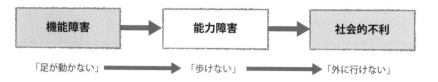

| 機能障害 | → | 能力障害 | → | 社会的不利 |

「足が動かない」 ━━━━━━→ 「歩けない」 ━━━━━━→ 「外に行けない」

◎ ICF（国際生活機能分類）

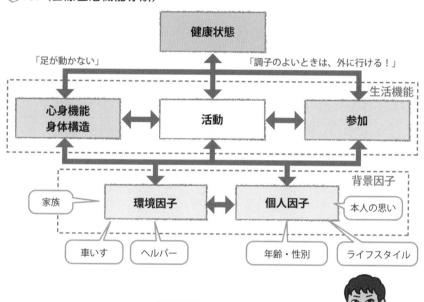

健康状態

「足が動かない」　　　　　　　「調子のよいときは、外に行ける！」

生活機能

心身機能
身体構造　←→　活動　←→　参加

背景因子

家族 ─ 環境因子 ←→ 個人因子 ─ 本人の思い

車いす　ヘルパー　　　年齢・性別　ライフスタイル

ICFは生活機能というプラス面
から障害を捉えています

📖 ワンポイント

ICIDH → ICF の流れを理解しよう！

現在は ICF の考え方で問題はありませんが、介護福祉士試験では両方出題されています（第32回試験では ICIDH、第33回・第34回試験では ICF が出題されました）。それぞれをバラバラに覚えるのではなく、流れで両方を覚えるとイメージがしやすいでしょう。

07 リハビリテーション

リハビリテーションの目的と
それを担う専門職について理解しましょう

　WHO（世界保健機関）は、リハビリテーションを「**能力低下やその状態を改善し、障害者の社会的統合を達成するためのあらゆる手段を含む**」と定義しています。リハビリテーションというと、身体機能の改善をまず思い浮かべてしまいますが、それだけではなく、より幅広い概念で、精神的・社会的な回復もめざすということです。

リハビリテーションは4領域に分類される

　WHOは、リハビリテーションを4領域に分類しています。

　まず、身体機能の回復が**医学的リハビリテーション**です。最近は機能回復に含めて、病気にならないように予防的なアプローチも進められています。

　次に、障害者の自立や社会参加を教育視点で見ていく**教育的リハビリテーション**があります。障害のある子どもが、地域の学校で学ぶのか、特別支援学校や特別支援学級で学ぶのかを選択することからはじまり、個々に応じた教育を受けることができるようなアプローチを行います。

　ILO（国際労働機関）が定める**職業的リハビリテーション**では、障害者の職業訓練が行われます。行政が中心となり、社会生活力を高めることを目的とするのが**社会的リハビリテーション**です。

リハビリテーション専門職の役割とは？

　業務上、介護福祉士と接する機会が多いリハビリテーション専門職は、**理学療法士（PT）・作業療法士（OT）・言語聴覚士（ST）**です。簡単に説明すると、PTは主に身体機能の回復、OTは主に社会生活力（応用動作）の回復、STは言語・摂食・嚥下機能の回復への支援を行うのが仕事です。この3つの職種は、いずれも国家資格です。

◉ リハビリテーションの種類

種類	キーワード
医学的リハビリテーション	理学療法／作業療法
教育的リハビリテーション	インテグレーション／インクルーシブ教育
職業的リハビリテーション	ジョブコーチ／就労支援
社会的リハビリテーション	社会生活力／自立生活プログラム

私たちが思い浮かべる「リハビリテーション」は、医学的なものが多いですが、それ以外についても覚えておきましょう！

◉ リハビリテーション専門職

職業	内容
理学療法士（PT）	運動療法や物理療法
作業療法士（OT）	手工芸や園芸などの作業療法
言語聴覚士（ST）	言語や聴覚、音声・呼吸・嚥下の訓練や指導

ワンポイント

リハビリテーション関連は必ず覚えよう！

リハビリテーション関連の出題は多いです。上記の表についてはしっかりと覚えておきましょう。「リハビリテーション＝機能回復訓練」だと考えている人が多いですが、それ以外のリハビリテーションがあることも理解しておきましょう。

08 介護を必要とする高齢者の理解

今後、団塊の世代が後期高齢者となり
介護を必要とする人が激増します

高齢者の定義は法律によって異なります。世界を見ると、WHO（世界保健機関）は 65 歳以上と定めています。日本においても、ほとんどの法律で高齢者を 65 歳以上と定め、それを前期高齢者・後期高齢者と分けています。**前期高齢者が 65 歳以上 74 歳以下、後期高齢者は 75 歳以上です。**

さて、みなさんは「団塊の世代」という言葉を聞いたことがあるでしょうか。団塊の世代とは、出生数が激増した戦後の第 1 次ベビーブームのときに生まれた方々を指し、彼らは 2015 年に前期高齢者となりました。2025 年には、この団塊の世代が後期高齢者の年齢に達することから「2025 年問題」というキーワードを耳にする機会も増えました。

2025 年問題の到来。高齢者問題の真の意味とは

「高齢者問題」といったとき、何が問題なのかを正しく捉えておきましょう。高齢者が多い国（長寿な国）というのは、それだけ医療が進み、治安が良い証しでもありますから、悪いことではありません。「高齢者が増えること＝高齢者問題」ではないのです。**高齢者問題の真の意味は、「増加する高齢者を支えていく社会の体制が機能していないこと」です。**

高齢化率（24 ページ参照）以外にも高齢者に関するさまざまなデータがありますので、いくつか押さえておきましょう（右ページ参照）。

まず、現在の高齢者の多くは公的年金・恩給で生計を立てています。そして、その半数以上が「家計にあまりゆとりがない」と回答しています。私たちは「年金で悠々自適な生活を送っている高齢者」をイメージしがちですが、そうではないのです。また、65 歳以上 74 歳以下で要介護・要支援状態の割合が 4.3％であるのに対し、75 歳以上では 40.7％と約 9 倍になります。「2025 年問題」を危惧する理由がわかりますね。

◉ 各法律における高齢者の定義

介護保険法	65歳以上
老人福祉法	65歳以上
道路交通法	70歳以上

団塊の世代とは？
戦後、出生人口が大幅に増加した1947（昭和22）年〜1949（昭和24）年に生まれた人たちのことです。団塊の世代が後期高齢者の年齢に達するのが2025年であるため、「2025年問題」が危惧されています。

◉ 高齢者に関するデータ
◆要介護認定の状況

年齢／要介護認定	要介護	要支援	合計
65〜74歳	2.9%	1.4%	4.3%
75歳以上	31.9%	8.8%	40.7%

75歳以上になると、要介護・要支援の高齢者が急激に増えますね

資料：厚生労働省「介護保険事業状況報告（年報）」（令和元年度）
より算出。65〜74歳、75歳以上それぞれの被保険者に占める割合

◆高齢者の暮らし向き

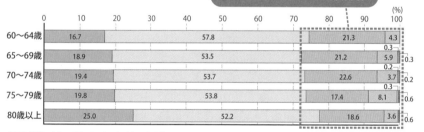

家計を不安に感じている高齢者

(%)

	家計にゆとりがあり、まったく心配なく暮らしている	家計にあまりゆとりはないが、それほど心配なく暮らしている	家計にゆとりがなく、多少心配である	家計が苦しく、非常に心配である	その他	不明・無回答
60〜64歳	16.7	57.8	21.3	4.3		0.3
65〜69歳	18.9	53.5	21.2	5.9		0.2 / 0.3
70〜74歳	19.4	53.7	22.6	3.7		0.3 / 0.2
75〜79歳	19.8	53.8	17.4	8.1		0.6
80歳以上	25.0	52.2	18.6	3.6		0.6

■ 家計にゆとりがあり、まったく心配なく暮らしている
■ 家計にあまりゆとりはないが、それほど心配なく暮らしている
■ 家計にゆとりがなく、多少心配である　■ 家計が苦しく、非常に心配である　□ その他　■ 不明・無回答

資料： 内閣府「高齢者の経済生活に関する調査」（令和元年度）
　　（注）調査対象は全国の60歳以上の男女

📖 ワンポイント

年齢に関する問題に注意！

年齢に関する問題が第32回、第33回に出題されました。高齢者＝65歳をベースに、ほかの年齢についても覚えましょう。高齢者は前期高齢者（65歳以上74歳以下）と後期高齢者（75歳以上）に分類されることも知っておきましょう。

09 介護を必要とする障害者の理解

障害者の３つの分類と障害者の定義
について理解しましょう

　日本の障害分類には３つの障害（身体障害・知的障害・精神障害）があり、法律上は 18 歳以上を障害者、18 歳未満を障害児としています。

　障害者基本法では、障害者を「身体障害、知的障害、精神障害（発達障害を含む）その他の心身の機能の障害がある者であって、障害及び社会的障壁により継続的に日常生活又は社会生活に相当な制限を受ける状態にあるもの」と定義しています。

身体障害者・知的障害者・精神障害者の定義は？

◆ 身体障害者

　身体障害者というと、「車いすに乗っている人」や「寝たきりの人」をイメージするかもしれませんが、それは身体障害者のうちの「肢体不自由」に限定したイメージです。

　身体障害者は、「視覚障害」「聴覚障害」「言語・咀しゃく機能の障害」「肢体不自由」「内部障害」の５つに分類され、いずれも身体障害者手帳を所持します（視覚障害者手帳など、個別の手帳はありません）。

◆ 知的障害者

　知的障害者については、身体障害者のような法律（知的障害者福祉法）による定義がありません。そのため、自治体ごとに異なりますが、「おおむね18 歳までに生じた知的機能の発達遅滞であり、IQ が 70 未満のもの」などと定められていることが多いです。

◆ 精神障害者

「精神保健及び精神障害者福祉に関する法律」では、精神障害を「統合失調症、精神作用物質による急性中毒又はその依存症、知的障害その他の精神疾患を有するもの」と定義しています。

◎ 障害者の定義

障害の種類	根拠
身体障害	身体障害者福祉法（第4条）
知的障害	－ （法律による根拠なし）
精神障害	精神保健及び精神障害者福祉に関する法律（第5条）

● 身体障害者福祉法（第4条）

この法律において、「身体障害者」とは、別表に掲げる身体上の障害がある十八歳以上の者であつて、都道府県知事から身体障害者手帳の交付を受けたものをいう。 （※別表に書かれた障害者の定義は186ページ参照）

● 知的障害とは？

「知的機能の障害が発達期（おおむね18歳まで）にあらわれ、日常生活に支障が生じているため、何らかの特別の援助を必要とする状態にあるもの」

出典：「知的障害児（者）基礎調査」

● 精神保健及び精神障害者福祉に関する法律（第5条）

この法律で「精神障害者」とは、統合失調症、精神作用物質による急性中毒又はその依存症、知的障害その他の精神疾患を有する者をいう。

障害者の分類については「第7章 障害の理解」で詳しく説明していますので、あわせて読んでおきましょう

📖 ワンポイント

発達障害は、身体障害・知的障害・精神障害に含まれる？

発達障害は、介護福祉士試験にもよく出題されています。発達障害については、「知的障害がある発達障害」が知的障害、「知的障害のない発達障害」が精神障害と分類されます。

10 介護を必要とする人の生活を支えるしくみ

介護を必要とする人と
その介護を担う介護者について理解しましょう

介護保険法や障害者総合支援法で定められている社会保障の介護サービスには、さまざまなものがあります。そして、介護を必要とする人だけでなく、その家族や周囲に対する支援も重要です。

介護者の現状と支援状況はどうなっているか？

社会保障（税や社会保険料で賄われるサービス）による介護サービスを「フォーマルサービス（公的なサービス）」、家族やボランティアなどによる介護を「インフォーマルサポート（私的なサポート）」と呼びます。

ケアマネジメントにおいても、「インフォーマルサポートを最大限活用すること」でケアプランを作成していくことが求められています。

「国民生活基礎調査（2022年）」（厚生労働省）によると、**主な介護者の45.9％は同居している人で、その半数（22.9％）を配偶者**が占めています。一般的には、介護を必要とする高齢者の配偶者も高齢であることが多いですから、いわゆる老老介護の状況であることが多くなります。また、介護者の性別は、女性：男性＝6.5：3.5で、圧倒的に**女性の比率が高い**です。

こうした家族関係や周囲の支援体制について、ひと目でわかるように図式化して表すことができるのが、ジェノグラムとエコ・マップです。

ジェノグラムは、**利用者を中心とした家族関係図**で、エコ・マップは、その家族を中心として、その**家族を支援してくれる公的・私的機関を図式化するもの**です。

この2つの方法を使って各家族の状況を落とし込んでみると、全体の関係性やそれぞれの機関の役割、足りないことなどが可視化（見える化）されますので非常に役立ちます。支援業務を行うときには、ぜひ活用してください。

◎ フォーマルサービスとインフォーマルサポート

フォーマルサービス	公的なサービス 例）医療・保健・福祉サービスなど
インフォーマルサポート	私的なサポート（サービスも含む） 例）家族、ボランティア、NPOなど

◎ 同居の主な介護者の性・年齢階級別構成割合

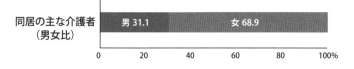

同居の主な介護者
（男女比）

| 男 31.1 | 女 68.9 |

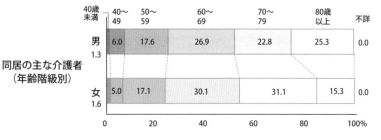

同居の主な介護者
（年齢階級別）

	40歳未満	40〜49	50〜59	60〜69	70〜79	80歳以上	不詳
男	1.3	6.0	17.6	26.9	22.8	25.3	0.0
女	1.6	5.0	17.1	30.1	31.1	15.3	0.0

出典：厚生労働省「国民生活基礎調査の概況 2022（令和4）年」

◎ ジェノグラムとエコ・マップ

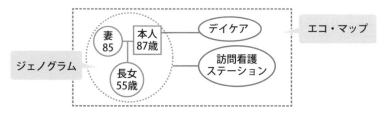

エコ・マップ

ジェノグラム

妻 85 ／ 本人 87歳 ／ 長女 55歳 ／ デイケア ／ 訪問看護ステーション

ワンポイント

インフォーマルサポートは要チェック！

インフォーマル(私的)サポートは、利用者それぞれの事情や必要に応じて、検討し、利用するものです。そのためにも、エコ・マップやジェノグラムは活用できます。何が必要なのかを可視化することによって、より効果のある個別支援が可能になります。

ケアマネジメントの考え方

ケアマネジメントの全体像、
アセスメントとモニタリングを理解しましょう

　ケアマネジメントとは、もともとはアメリカなどで採り入れられていた手法です。日本でも、介護保険制度が始まった際、利用者を支援するために取り入れることが決まりました（介護保険法上は「介護支援サービス」と呼びます）。この当時、ケアマネジメントを専門に行う職種がなかったため、ケアマネジャー（介護支援専門員）という資格もつくられました。

情報収集から事後評価までがケアマネジメントの流れ

　まず、ケアマネジャーが利用者に会い、情報を収集します（アセスメント）。そして、利用者が思い描く生活を送るために必要な課題（ニーズ）を抽出し、計画（ケアプラン）を作成していきます。ケアプランは利用者の生活全体に関わりますから、関わりのあるすべての人たちとの連携も必要です。そのため、計画作成前に**サービス担当者会議**を行って利用者の意向や目標などを共有します。この**サービス担当者会議には利用者や家族も参加**します。

　ケアマネジャーの仕事は、計画を作成して終わりではありません。その計画がうまく進んでいるかを随時確認する必要があります。これを「モニタリング」といいます。モニタリングを実施することで、現状の計画をそのまま進めていくのか、微調整が必要なのかを利用者や家族と相談しつつ、目標に向かって進んでいくことになります。

　アセスメントとモニタリングは重要な用語なので、もう一度、確認しておきます。アセスメントは「**課題分析**」のことで、ケアプラン作成前に利用者や家族、その他の関係者から情報を収集して情報を分析することです。モニタリングは、「**事後評価**」とも呼ばれ、計画作成後に行われます。計画は机上で策定しているため、本当にうまくいくかどうかはわかりません。そのため、サービスが提供された後、問題がないかどうかの確認が必要なのです。

◎ ケアマネジメントとは？

主に介護等の福祉分野で利用される言葉で、福祉や医療などのサービスと
それを必要とする人のニーズをつなぐ手法

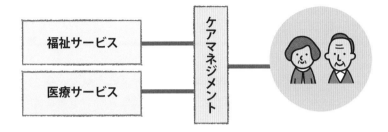

◎ ケアマネジメントの流れ

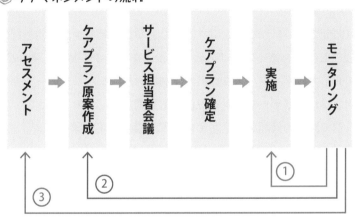

アセスメント → ケアプラン原案作成 → サービス担当者会議 → ケアプラン確定 → 実施 → モニタリング

モニタリングの結果に応じて見直しを行う

① 特に問題が見受けられなかった場合
② 大きくプランを変更する必要が出た場合など
③ 利用者の状態が変化し、生活課題（ニーズ）等が変わった場合など

📖✍ ワンポイント

ケアマネジャー（介護支援専門員）の仕事は？

ケアマネジャーの仕事は、「ケアプランを作成すること」ではなく、
「ケアマネジメントを行うこと」です。ケアマネジメントの流れを理
解していると、ケアマネジャーの動きがよくわかります。

12 介護保険サービスの活用（居宅サービス）

介護保険制度で実施されている
居宅サービスについて理解しましょう

居宅サービスは、**利用者が居宅（自宅と特定施設）で生活している**ときに利用できるサービスです。主に、訪問系・通所系・短期入所系があります。

居宅サービスの種類と対象の利用者、その概要は？

◆ 訪問系サービス

有資格者（訪問介護員）が利用者宅を訪問し、身体介護や生活援助を行う**訪問介護**、大きな浴槽を持っていき入浴サービスを提供する**訪問入浴介護**、看護師等が訪問して看護サービスを提供する**訪問看護**、リハビリテーション専門職が訪問しリハビリテーションを提供する**訪問リハビリテーション**、医師等が利用者宅で医学的管理を行う**居宅療養管理指導**があります。

◆ 通所系サービス

利用者が老人デイサービスセンター等に通いサービスを受ける**通所介護**、病院や介護老人保健施設、介護医療院(44ページ参照)に通ってリハビリテーションを受ける**通所リハビリテーション**があります。

◆ 短期入所系サービス

短期入所とは、施設等に短期間入所してサービスを受けるものです。介護する家族の負担軽減のためにも利用できます。特別養護老人ホーム等で行われる福祉系（**短期入所生活介護**）と、病院や診療所、介護老人保健施設、介護医療院で行われる医療系（**短期入所療養介護**）があります。

◆ その他のサービス

福祉用具のレンタル（**福祉用具貸与**）・購入（**特定福祉用具販売**）、住宅改修、ケアプランを作成するサービス（**居宅介護支援・介護予防支援**）も居宅サービスです。有料老人ホームや養護老人ホーム、**軽費老人ホーム**も介護保険法上は居宅サービスなので覚えておきましょう。

◎ 居宅サービスの種類

訪問系

事業者

私たちが訪問します

・訪問介護
・訪問入浴介護
・訪問看護
・訪問リハビリテーション
・居宅療養管理指導

自宅

入浴、排泄
リハビリテーション　…など

通所系

事業者

入浴、食事等の介護
レクリエーション　…など

通ってサービスを受けます

・通所介護
・通所リハビリテーション

自宅

短期入所系

事業者

入浴、食事等の介護
機能訓練、医療　…など

短期間入所してサービスを受けます

・短期入所生活介護
・短期入所療養介護

自宅

ワンポイント

居宅サービスはどう覚えるか？

介護保険法における居宅サービスはたくさんありますが、まずは「訪問系」「通所系」「短期入所系」「その他（特定施設・福祉用具）」と覚えましょう。そこからスタートすれば最終的にすべて覚えやすくなります。

13 介護保険サービスの活用 （施設サービス・地域密着型サービス）

でる度 ★★★

介護保険法に根拠のある施設サービスと
地域密着型サービスについて理解しましょう

　介護保険法によって、施設サービスと地域密着型サービスが創設されました。まず、施設サービスは、福祉系の介護老人福祉施設(特別養護老人ホーム)、医療系の介護老人保健施設、介護医療院の３施設があります。介護医療院は2018（平成30）年４月からスタートした新しい施設ですが、リハビリテーションを中心とする介護老人保健施設と違って、**医療と介護を基盤とした長期療養**を行うことで役割分担を果たしています。

地域密着型サービスの種類と内容

◆ 定期巡回系

　24時間介護と看護を提供する定期巡回・随時対応型訪問介護看護、夜間に巡回型介護などを提供する夜間対応型訪問介護があります。

◆ 小規模多機能系

　小規模多機能型居宅介護は一拠点で、通い・宿泊・訪問介護が提供されます。それに訪問看護をプラスしたのが看護小規模多機能型居宅介護です。

◆ 認知症対応型系

　認知症専用のデイサービス(認知症対応型通所介護)と認知症専用のグループホーム（認知症対応型共同生活介護）があります。

◆ 入所入居系

　定員が29人以下の小さな特別養護老人ホーム（地域密着型介護老人福祉施設入所者生活介護）と、定員29人以下の小さな特定施設（地域密着型特定施設入居者生活介護）があります。

◆ 地域密着型通所介護

　地域密着型通所介護には、定員が18人以下のデイサービスと医療サービスが必要な利用者が通所する療養通所介護があります。

◎ 介護保険施設の種類

福祉系

医療系

**介護老人福祉施設
（特別養護老人ホーム）**

医療ニーズが
ほぼない人の生活の場

**介護老人保健
施設**

中間施設

介護医療院

生活の場

◎ 地域密着型サービス

利用者宅を
定期的に訪問することを
中心としたサービス

1カ所で多くのサービス
の提供を行う

通い・宿泊・訪問（介護・看護）

定期巡回系

小規模多機能系

認知症の人しか使えない

グループホーム　　デイサービス

定員が29人以下

介護老人福祉施設　　特定施設
（特別養護老人ホーム）

認知症対応型系

入所入居系

📖✏️ **ワンポイント**

介護保険施設は毎年出ます

介護保険施設については毎年どこかで出題されています。施設の種
類はすぐに覚えられますが、余裕があればその施設の違いについて
も理解しましょう。介護老人保健施設と介護医療院は同じ医療系施
設ですが、どこが違うのかをまとめるなどしておくとよいですね。

14 多職種連携の意義と課題

多職種連携（チームアプローチ）の実現に欠かせない
職種とその業務内容を理解しておきましょう

　介護サービスを利用者に提供していく中で、ほかの専門職との連携が必要になります（多職種連携：チームアプローチ）。たとえば、入浴時、利用者の腰に赤い部分（発赤）を介護職が発見したような場合は、介護職は治療行為ができませんから、医療職に連絡することになります。このように、介護職で対応できない場合に誰と連携すべきかを理解しておかなくてはいけません。

実践で連携が必要な「福祉系職種」と「医療系職種」

　連携が必要な福祉系の職種としては、利用者の相談を受ける**社会福祉士**、精神障害や認知症、また利用者の家族の支援を行う**精神保健福祉士**、ケアプランを作成する**ケアマネジャー（介護支援専門員）**、生活保護利用者の担当である**ケースワーカー**、高齢者・障害者などの地域の相談を受ける**民生委員**などがいます。

　連携が必要な医療系の職種としては、利用者の医療管理全般を行う**医師**、医師の指示のもと医療サービス等を提供する**看護師**、薬の調剤を行う**薬剤師**、栄養指導を行う**栄養士**や**管理栄養士**、心理的支援を行う**臨床心理士**や**公認心理師**がいます。

「業務独占資格」と「名称独占資格」の違いは？

　資格は、その**資格を持っていないと業務ができない業務独占資格**と、**資格を持っていないとその名称を名乗れない名称独占資格**に分類されます。

　業務独占資格の例が医師や弁護士で、医師免許がなければ患者の手術はできませんし、弁護士の資格がなければ被告人の弁護はできません。

　介護福祉士は名称独占資格です。ですから、介護福祉士の試験に合格していなくても、介護の業務自体はできるのです。

◎ 多職種の業務内容

● 福祉系

名称	業務内容
社会福祉士	利用者の相談・援助、連絡調整などを行う
精神保健福祉士	精神障害や認知症の人や家族の相談・支援を行う
介護支援専門員	ケアマネジャー。ケアマネジメントを行う
民生委員	地域の人の相談を受け、関係機関につなぐ

● 医療系

名称	業務内容
医師	診察、診断、診療、手術などを行う
看護師	療養上の世話、診療の補助などを行う
管理栄養士	利用者への栄養指導や栄養士の指導を行う
臨床心理士 公認心理師	心理的な支援（カウンセリングなど）を行う

業務独占資格 その資格がないとその職種につけない　例）医師、弁護士など

名称独占資格 その資格がないと資格名を名乗れない　例）介護福祉士、社会福祉士 など

📖 ワンポイント

介護福祉士と連携する職種だけを覚えよう

世の中にはたくさんの資格が存在しますが、介護福祉士と連携する職種はそれほど多くありません。上記にまとめられている職種の名称と役割を覚えておけば十分です。業務独占と名称独占についても注意してください。

15 リスクマネジメントの意義と目的

介護従事者に求められている
リスクマネジメントや具体的対策を理解しましょう

リスクマネジメントはリスクをゼロにする取組みではありません。**ヒューマンエラー（人間はエラーを起こすこと）を前提に、リスクを予知し、そのときの対応を事前に考えておくこと**がリスクマネジメントです。事前に準備をしておき、被害を最小限に食い止めることが目的なのです。

インシデント（ヒヤリ・ハット）をアクシデントにつなげない

「ハインリッヒの法則」というものがあります。これは、「1件の重大事故の背景には、29の軽い事故と300のヒヤリ・ハットがある」という経験則です。「大きな事故の前には、必ず警鐘がある」ということです。

たとえば、「ある車いすのブレーキが外れて坂道を下ってしまい、自動車とぶつかって死亡事故が発生した」としましょう。この事故の前、この車いすに限らず、ほかの車いすのブレーキで「ヒヤッ」としたことや、軽度な事故が何件も起きていたとしたら、死亡事故を起こした車いすのブレーキもチェックしておくべきだったのです。そうすれば、死亡事故は起こらなかったかもしれません。このヒヤリ・ハットのことを**インシデント**といい、レポートにまとめたものを**インシデントレポート**といいます。インシデントを見過ごしてしまったり、適切な処置をしなければ、重大な**アクシデント（実際に起こった事故）**が発生することもあり得るということです。

感染症のリスクマネジメント

自分が感染症にならないことは当然として、感染源にもならないために、**手指洗浄や消毒、予防接種を受ける**などの対策を行います。また、感染症の有無にかかわらず、排泄物や血液は感染の可能性があるものと考えて対策を行います。これを**標準予防策（スタンダードプリコーション）**といいます。

◎ リスクマネジメントとは？

リスクマネジメント

リスクを管理し、重大事故などの損失などを回避、
または低減をはかるプロセス

◎ ハインリッヒの法則

1件の重大事故

29件の軽微な事故

300件のヒヤリ・ハット

具体例

ある車いすのブレーキが外れて
坂道を下ってしまい、自動車と
ぶつかって死亡事故が発生した

ブレーキのかかりが悪く、
車いすが動いて、壁に当
たって軽いけがを負った

・車いすが勝手に動いたので、
　介護職員が慌てて止めた

・ブレーキをかけたのに、
　すぐに止まらなかった

この段階でブレーキを直しておけば
重大事故につながらなかった！

インデントを共有する！
（ヒヤリ・ハット）

ヒヤリ・ハットの段階
でストップさせること
が重要です！

📖 ワンポイント

リスクマネジメントは出題が多いです

リスクマネジメントの考え方は、総合問題も含めると毎年出題され
ています。また、ハインリッヒの法則は第33回試験にも出題され
ています。現場で活用できる知識ですから、この機会に覚えておき
ましょう。

16 感染対策

感染を予防するために
感染経路を遮断する必要があります

　免疫機能が低下することによって、高齢者は感染症にかかりやすくなっています。感染経路と主な感染症を確認しておきましょう。

感染経路を知り、感染予防に努める

◆ 飛沫感染

　咳やくしゃみ等で排出された飛沫によって、比較的近距離にいる人に感染します。**インフルエンザ**はインフルエンザウイルスによって引き起こされる感染症で、高熱や関節痛など症状とします。高齢者は肺炎になってしまうことがあるため、毎年、インフルエンザワクチンを接種して重症化を防ぎます。

◆ 空気感染

　飛沫感染同様、咳やくしゃみ等で排出されますが、飛沫粒子が空気中をさまよっているので、それを吸い込んだ同じ空間にいる人に感染します。**肺結核**などが空気感染となります。

◆ 経口感染

　ノロウイルスはカキなどの二枚貝を生食することで起こる感染性胃腸炎です。患者の便や嘔吐物からもウイルスが出ます。ノロウイルスの消毒はアルコールではなく、次亜塩素酸ナトリウムが有効です。O-157 などの**腸管出血性大腸菌**も経口感染です。

◆ 接触感染

　ヒゼンダニによる**疥癬**やメチシリン耐性黄色ブドウ球菌（**MRSA**）などは、病原体が付着したものに**触れることで感染**してしまいます。

◆ 血液感染

　B型肝炎や**C型肝炎**は、日常生活では感染せず、針の指し間違いなどによって**血液・体液を介して感染**するものです。

◎ 感染経路の種類と感染症

感染経路	感染方法	主な感染症
飛沫感染	くしゃみや咳などで飛び散った飛沫を通じて感染（近距離）	インフルエンザ マイコプラズマ肺炎
空気感染	空中に浮遊してさまよう飛沫核を通じて感染（遠距離）	結核
接触感染	感染者や感染源に直接触れることで感染	疥癬 MRSA感染症
経口感染	感染した飲食物を摂取することで感染	ノロウイルス 腸管出血性大腸菌 A型肝炎
血液感染	血液や体液などの接触により感染	B型肝炎、C型肝炎

感染経路は必ず覚えましょう

◎ 主な感染症の特徴

感染症	原因	特徴
インフルエンザ	インフルエンザウイルス	高熱が出る。高齢者は肺炎の併発に注意。ワクチンの接種が推奨される
結核	結核菌	自己免疫機能の低下により発症することがある。集団感染の危険があるため届出が必要
メチシリン耐性黄色ブドウ球菌（MRSA）	黄色ブドウ球菌	弱毒性の常在菌。免疫機能低下した高齢者に発症することがある
感染性胃腸炎（ノロウイルス）	ノロウイルス	カキなどの二枚貝による食中毒。消毒にはアルコールは効かず、次亜塩素酸ナトリウムが有効
腸管出血性大腸菌感染症	腸管出血性大腸菌	O-157などのベロ毒素（生の食肉など）による食中毒。激しい下痢、腹痛と血便。大量出血により死亡することもある

ワンポイント

経路→予防策→名前の順で覚えます

感染症は感染経路を覚えることが原則です。そこから感染予防策を理解し、感染症の名前を覚えていくという順序で学習を進めましょう。高齢者の感染症に絞って覚えてくださいね。

17 介護従事者の倫理と安全

介護従事者に求められる職業倫理と安全確保、
利用者の人権を理解しましょう

　介護従事者は、利用者の人権への配慮を忘れてはいけません。たとえ故意ではなく、知識不足でやってしまったとしても、「そんなつもりではなかった」ではすまされません。

身体拘束禁止（しんたいこうそく）の例外は「切迫性・非代替性・一時性（せっぱく）」

　介護保険制度上、**身体拘束は緊急やむを得ない場合を除いて行ってはなりません。** しかしながら、緊急やむを得ない場合、利用者またはその周囲の者の生命または身体に支障が生じるようなときには、やむを得ず行うことがあります。その判断材料が、**切迫性・非代替性・一時性**です。

　たとえば、ある利用者が向こうからハサミを振り回しながら走ってきたとします。このままでは、周囲の人や本人もケガをする可能性があります。この状態が「切迫性」です。興奮している人に「やめてください」と言っても聞き入れてはくれないでしょう。さらに逆上されてしまうかもしれません。身体拘束する以外に方法がないことを「非代替性」といいます。さらに、やむを得ず行った身体拘束は「一時性」を伴わなければいけません。利用者が落ち着いたら、ただちに身体拘束を解除するということです。

介護従事者自身のこころとからだの健康にも配慮する

　利用者を守るのと同時に、介護従事者自身を守ることも大切です。かつては腰痛が職業病といわれ、からだの健康だけが注目されていましたが、現在は、こころの健康管理についても重視されています。介護従事者は、がんばりすぎてストレスをためがちです。仕事に没頭し、あるときふっと気力が衰えてしまう燃え尽き症候群（バーンアウト症候群）やストレスによるうつ病なども増加しています。職場としてのメンタルヘルスケアの整備も大切です。

第 2 章

人間関係と
コミュニケーション／
コミュニケーション技術

　介護におけるコミュニケーションに関する問題です。事例問題も含まれており、他の科目と比較すると正解しやすい問題が多いです。みなさんが仕事の中で使っているコミュニケーション技術を思い出せば点数につながっていくでしょう。ケアレスミスをしなければ高得点も狙えるテーマです。

01 人間関係の形成

 利用者とコミュニケーションを重ね、
信頼関係を構築していくことが重要です

　介護職が利用者に対してサービス（ケア）を提供していく中で、大切なことはなんでしょう。もちろん介護の技術も大切ですが、それ以上に大切なのがコミュニケーションであり、利用者と信頼関係を築くことです。

まずは利用者とのラポール（信頼関係）の形成が重要

　コミュニケーションを重ね、互いに信頼し合える状態をラポールといいます。ラポールとは、簡単に言うと信頼関係という意味です。

　たとえば、介護技術は文句なしの経験20年のベテランヘルパーAさんがいたとします。そのAさんが利用者Bさん宅を訪問しました。しかし、Bさんとの関係がうまくいかず、Bさんからは「もう来てほしくない」と言われてしまい、AさんはBさんのケアを行うことができなくなりました。

　これは、「介護の技術がどんなに素晴らしくても、ラポールの形成ができていないと、技術を発揮することができない」という事例です。**介護技術も大切ですが、まず、ラポールの形成が重要**だということがわかります。

　ラポールを形成することは、簡単ではありません。しかし、「**受容**」「**傾聴**」「**共感**」**の姿勢で利用者に向き合う**ことで、その糸口がつかめるはずです。

・受容：利用者を「ありのままに受け入れる」ことです。先入観や偏見を
　　　　持たずに対応し、目の前にいる1人の人間として対応します。

・傾聴：利用者の話を「耳を傾けて聴く」という態度です。話を聴きなが
　　　　ら適切に相づちを打ったり、質問したりすることで、「あ、この
　　　　人は私の話を聴いてくれているな」とわかってもらえます。

・共感：利用者の感情を「共に感じる」ことです。「足が動かなくてかわ
　　　　いそう」というのは同情です。そうではなく、利用者の感情に寄
　　　　り添い、その感情を理解しようとする態度が重要です。

◎ 利用者との信頼関係の構築が重要

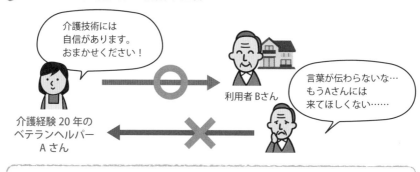

コミュニケーションがうまくいかない
↓
利用者宅へ入れてもらえない
↓
介護技術を発揮することができない！

→ 介護技術も大切だが……
まずは
信頼関係の構築が必要！
（ラポールの形成）

◎ ラポールの形成方法

受容	傾聴	共感
ありのままを 受け入れる	耳を傾けて 話を聞く	利用者の感情を 理解する

1人の人間として見る
×認知症のAさん
○Aさんは、認知症だ

適切な相づちをする

「それはつらかったですね」
「それはうれしかったですね」

ワンポイント

事例問題は何が問われているかを正確に理解しよう

「人間関係とコミュニケーション」と「コミュニケーション技術」の領域では、事例問題が出題されます。これは、普段から利用者とのコミュニケーションに配慮していれば問題なく得点できます。問題で何を聞かれているかを正確に理解できるように努めましょう。

02 コミュニケーションの基礎

信頼関係を構築するための
コミュニケーションの技法について理解しましょう

「コミュニケーション」の定義はさまざまですが、ここでは「情報を伝えること」と考えます。そして、こちらが伝えたいことが相手に正しく伝わったときに「コミュニケーションがとれた」といえます。

コミュニケーションの技法を理解しよう

　言葉によるコミュニケーションを言語的コミュニケーション、言葉以外のコミュニケーションを非言語的コミュニケーションといいます。たとえば、相手からの言葉がなくても、相手の表情が笑顔だったら「快適そうだな」、険しい顔なら「不快なのかな、体調が悪いのかな」、ふるえていたら「寒いのかな」と伝わります。言葉以外から受け取れる情報が非常に重要なのです。

◆ 距離感への配慮

　個人的距離（パーソナルスペース）を意識します（右図参照）。心理的距離（こころの距離、親密度）というのも存在しますから、親しくなろうとして、いきなり距離を詰めようとしては逆効果です。

　人との物理的な距離が近いほど親しくなれるわけではありません。相手に不快な思いをさせないため、距離感と座り方の基本を知っておきましょう。

◆ 座り方（対面法と直角法、並列法）の影響

対面法：向かい合って座る。視線をそらせないので「対決姿勢」とも呼ばれる。どうしてもこの座り方をしなくてはいけない場合は、視線をそらせるように花瓶などを置くとよい。

直角法：斜め45度で座る。自然に視線を合わせたり外したりできるので、安心してゆったり話ができる。

並列法：横並びに座る。視線を合わせるのが難しいので、同じ対象物（テレビなど）に目をやりながら座ると落ち着き、安心感がある。

◎ 言語的コミュニケーションと非言語的コミュニケーション

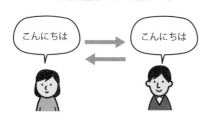

| 言語的コミュニケーション | 非言語的コミュニケーション |

言語的コミュニケーション
こんにちは ⇄ こんにちは
言葉を使って行う
コミュニケーション

非言語的コミュニケーション
表情　服装
身振り（ジェスチャー）　声の大小
など
言葉以外の
コミュニケーション

◎ コミュニケーションの技術

① 距離感

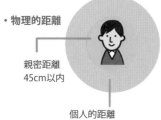

・物理的距離

親密距離
45cm以内

個人的距離
45～120cm以内

・心理的距離

「こころのカベ」
人に対する思い・気持ち

② 座り方

対面法
利用者と向かい合う
対決姿勢

直角法
机の角を挟んで座る
程よい距離感

並列法
横並びに座る
同じ作業に取り組みやすい

📖 ワンポイント

「言語」よりも「非言語」コミュニケーションが優位です

コミュニケーションにおいては「言語が優位」と思われがちですが、実は
非言語のほうが優位であることが多いです。もちろん、人の評価は見た
目だけで決まることはありません。ただし、介護福祉士のような対人援
助職は、見た目や振る舞いで判断されてしまうことも多いです。注意し
たいところですね。

03 介護を必要とする人とのコミュニケーション

介護現場で必要とされる
質問の技法を知っておきましょう

コミュニケーションで役立つ「ラポールの形成」と「受容・傾聴・共感」（54ページ参照）に続き、ここでは質問の技法を学びます。

オープンクエスチョン⇒クローズドクエスチョンの順で質問を

みなさんが誰かに何か質問をするときには、次の2つうちのいずれかの方法で質問をしていることが多いです。

◆開かれた質問：オープンクエスチョン

答えが開かれている質問のことで、**10人に質問したら10通りの答え**が返ってくる質問です。たとえば、「今日はごきげんいかがですか？」という質問には、さまざまな答えが返ってくることが想定されます。

◆閉じられた質問：クローズドクエスチョン

答えが限定される質問のことです。たとえば「頭が痛いですか？」と聞かれたら、基本的には**「はい」か「いいえ」のいずれかの答え**が返ってきます。

一般的には、この2つの形式の質問を組み合わせて、**最初にオープンクエスチョンを使い、徐々にクローズドクエスチョンに移っていく**という方法をとります。身近な例では、病院での診察があります。まず、診察室に入ると、医師が**「今日は、どうされましたか？」**と尋ねるはずです。これがオープンクエスチョンです。そこから、頭痛がするのか、腹痛なのか、具体的にどこが痛いのかを確認していくためにクローズドクエスチョンを用います。医師から**「ここは痛いですか？」「ここを押したら痛いですか？」**などと質問されて、私たちは「はい」「いいえ」で答えます。このようにして、不調の原因を突き止め、治療法を決めていくわけです。

介護の現場でも、オープンクエスチョンで利用者の状態を大まかに把握し、クローズドクエスチョンをくり返して問題点を具体化させていきましょう。

◎ 質問の技法

①開かれた質問（オープンクエスチョン）

今日は、ご機嫌いかがですか？

眠れなかったよ……
気になることがあってね

とても気分がいいよ

答えがたくさんある質問

利用者の状態を大きく捉えることができる

②閉じられた質問（クローズドクエスチョン）

腰が痛いのですか？

うん、痛いよ

いいや、痛くないよ

答えが「はい」「いいえ」などに限られる質問

問題点をピンポイントに把握することができる

ワンポイント

相手に対する「なぜ〜？」という質問はできるだけ避ける

「なぜ〜？」という質問は、相手を追い詰めてしまう可能性があります。たとえば「なぜ、このようなことをしたのですか？」と言われると、質問（きつもん）というよりも詰問されている感覚になります。しかし、自分自身の振り返りには「なぜ」が有効です。「なぜこうなったのだろう？」と自問自答することで、次の答えが見つかることもあるからです。

04 障害の特性に応じた コミュニケーション

利用者の特性に応じて
コミュニケーションの方法を変えてみましょう

　前項で、「質問するときは、オープンクエスチョンからスタートするとよい」と書きましたが、それが難しい人もいます。たとえば、失語症のある利用者の中には、オープンクエスチョンに答えるのがしんどいという人も少なくありません。そのため、「はい」か「いいえ」で済むクローズドクエスチョンを多用したほうがコミュニケーションを取りやすい場合もあるのです。

　失語症には２つのタイプがあります。①声を出すのが難しい失語症：運動性失語（ブローカ失語）、②声は出るが理解が難しい失語症：感覚性失語（ウェルニッケ失語）の２つです。

認知症の利用者とのコミュニケーションは受容が大切

「認知症の人とはコミュニケーションがとれない」というのは大きな間違いです。そう考えてしまうのは「受容」（54ページ参照）ができていません。たしかに認知症の人には記憶障害や見当識障害があり、伝わりにくいこともあります。しかし、コミュニケーションの手段は言語だけではありません。言語が伝わらない状況であっても、非言語で伝わることがあります。受容とは、その人を「人」として受け入れるということです。認知症の利用者をひと括りにすることは、「人」として個別の対応をしていないことになります。

　たとえば、認知症のAさんはゆっくり話すと理解でき、認知症のBさんは言葉を理解するのが難しいとしましょう。このとき、介護職員が早口で「〜してください！」と言っても、２人とも理解できません。「認知症だから伝わらないんだな」と思った瞬間、受容できていないことになります。受容できている介護職員ならば、Aさんにはゆっくりとしゃべり、Bさんにはジェスチャーなどを交えて伝えるのではないでしょうか。**同じ疾病・障害であってもコミュニケーションの方法は違ってくる**ということを理解しましょう。

◎ 失語症の利用者とのコミュニケーションのポイント

● 失語症のタイプ

種類／特徴	発語	理解	コミュニケーションのポイント
ブローカ失語 (運動性失語)	×	○	クローズドクエスチョンを使う 非言語コミュニケーションを行う
ウェルニッケ失語 (感覚性失語)	○	×	非言語コミュニケーションを行う

※ただし、利用者により個人差があるため、○×が明確でない場合がある

> 非言語コミュニケーションは、ブローカ失語とウェルニッケ失語、双方に有効です

◎ 認知症利用者とのコミュニケーションのポイント

ポイント1

長文ではなく、短文で1語ずつ伝える

> このケーキおいしかったですか？

ポイント2

イラストや写真を活用する

📖 **ワンポイント**

自分の実務経験だけで正解を判断しないように

「認知症＝○○すればよい」という定型的な考え方は適切ではありません。認知症の人すべてに同じ対応をすべきではないからです。また、試験はテキストに書かれているタテマエで回答することが前提です。みなさんが実務の中で得た経験もあると思いますが、その経験から得た知識で答えてしまうと、試験では正解できないこともあります。注意しましょう。

05 介護場面における家族とのコミュニケーション

利用者本人だけでなく、
家族とどう関わっていくかがポイントです

　介護職は、介護サービスの利用者本人だけではなく、その家族とのコミュニケーションにも配慮が必要です。

　利用者本位（80ページ参照）について学ぶと、「利用者の言うことは絶対」というイメージを持つかもしれませんが、利用者が家族と同居している場合は、家族の意見も尊重しなければなりません。その際は、「受容・傾聴・共感」の技術を使い、家族とのラポールの形成にも努めていく必要があります（54ページ参照）。技術力のあるベテランヘルパーであっても、利用者の家族に拒否されることがあります。家族との信頼関係があってこそ、利用者にとって最適なサービスを提供できることを知っておきましょう。

利用者の家族とのコミュニケーションも重要

　介護職と家族の関係性が悪化すると、利用者の日常生活にも影響が出る可能性があります。家族との付き合い方のポイントは以下の通りです。

①家族に対する助言・指導

　家族の介護に関する知識や技術が乏しい場合もあるでしょう。しかし、だからといって、介護職のやり方を押しつけるのはよくありません。**家族のやり方を尊重しながら、一緒に適切な方法を模索**していくのがよいでしょう。

②利用者の意向が理解できているか

　利用者の思いが家族にきちんと伝わっていない場合があります。介護職は、折を見て、**利用者の気持ちを間接的に家族に伝える**ようにします。

③利用者と家族の意見が正反対である場合の対応

　「利用者の希望は自宅、家族の希望は施設」といったケースは少なくありません。ここで利用者の意向を無理に押し出すと、よくない結果となることが多いので、**双方の意見に耳を傾け、理解を示していく**こと（傾聴）が重要です。

◎ 家族に対する支援

①家族に対する助言・指導

> 坂道を上るときは、脇を締めて押すと、力を入れやすくて体に負担がかかりませんよ

ヘルパーが助言する

支援のポイント 家族のやり方を尊重し、圧力的な指導を行わない

②利用者の意向を理解されているかの確認

> 家族に○○してほしいけど……

家族に対して、我慢しているケースがある

支援のポイント 家族に伝えるときには、考えを押しつけるのではなく、家族の話も聞いたうえで伝える

③利用者と家族の意見が正反対であったときの対応

> 自宅で生活したい

> 施設に入ってほしい

支援のポイント 双方の意見を聞きつつ、利用者の思いを家族に理解してもらうなどの対応をする

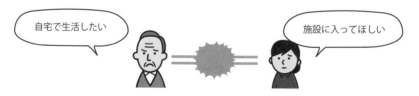

ワンポイント

利用者とその家族が対立しているときは……

利用者と家族の意見が対立することはよくあります。しかし、対立には必ず背景がありますから、それを理解するよう努めましょう。また、双方の言っていることが真逆でも、思いは同じという場合もあります。介護職がやるべきことは「話を聴くこと」「話を聞かせてもらえる信頼関係を築くこと」です。そのためには「コミュニケーション力」を磨きましょう。

06 介護におけるチームのコミュニケーション

円滑な介護サービスを提供するために、
チームでケアに取り組みます

　介護業務はチームで進めていくものですが、**チーム内で情報を共有化**することによって、利用者への理解を深め、サービスの質の向上が可能になります。情報の共有化の方法として、記録と会議を確認しておきましょう。

記録と会議により情報を共有化する

◆介護に関する記録の種類

- ・介護記録：日々の介護の状況をまとめたもの。**時系列**（じけいれつ）や**利用者ごと**にまとめたものがある。
- ・インシデントレポート：ヒヤリハット報告書。事故には至らないことでも共有することで**事故を未然に防ぐために**重要。
- ・アクシデントレポート：事故報告書。事故が起こったときに記録するもので、**市町村等に提出**する必要がある。

◆SOAP形式で記録（理解しやすく、整理された記録になるため）

- ・S（Subjective）：**利用者**からの情報（主観的情報）を記録する
- ・O（Objective）：**利用者の周辺**からの情報（客観的情報）を記録する
- ・A（Assessment）：**専門的見地（けんち）から分析**し、その結果を記録する
- ・P（Plan）：**計画の見直しや計画の作成**について記録する

◆会議（ケアカンファレンス）の注意点

- ・会議では記録を残す
- ・専門的立場から発言する
- ・勤務時間中に行う

　ちなみに、ケアカンファレンスというと、机を囲んで話をするというイメージがありますが、立ち話もケアカンファレンスになります。ただし、その場合は守秘義務を徹底し、記録も残すようにします。

◎ 記録の種類

名称	内容
介護記録	介護内容に関するものについての記録
インシデントレポート	事故に至らないまでも、「ヒヤッ」「ハッ」としたことをまとめ、大事故につながらないように共有する
アクシデントレポート	事故が起こったときの報告書。市町村等に提出する

◎ 記録するときの方法（SOAP形式）

	名称	内容
S	主観的情報	利用者からの情報の記録
O	客観的情報	利用者以外、その周辺からの情報の記録
A	アセスメント	収集した情報を分析した記録
P	計画	計画の作成や見直しの記録

◎ 会議（ケアカンファレンス）のポイント

ポイント	内容
記録を残す	発信内容やケアの方向性について
専門的見地から発信する	根拠ある介護を基本とした発信をする（感情論は避ける）
勤務時間内に行う	会議も仕事の一環であることを意識する

✏️ ワンポイント

他職種との連携

利用者を支援するうえで重要な他職種との連携を実現させるには、まず、他職種の役割を理解し、その職種への尊敬の念を持つことです。そして、自分の立場（職域：自分ができること）を認識したうえで、役割分担を考えます。すべての職種が不可欠であり、職種の重要性に高低はありません。

人間と社会領域

人間の尊厳と自立

〈問題〉　自宅で生活している**A**さん（87歳、男性、要介護3）は、7年前に脳梗塞で左片麻痺となり、訪問介護（ホームヘルプサービス）を利用していた。**A**さんは食べることを楽しみにしていたが、最近、食事中にむせることが多くなり、誤嚥を繰り返していた。誤嚥による緊急搬送の後、医師は妻に、「今後も自宅で生活を続けるならば、胃ろうを勧める」と話した。妻は仕方がないと諦めていたが、別に暮らしている長男は胃ろうの造設について納得していなかった。長男が実家を訪れるたびに、**A**さんの今後の生活をめぐって口論が繰り返されていた。妻は訪問介護員（ホームヘルパー）にどうしたらよいか相談した。

　　介護福祉職の職業倫理に基づく対応として、**最も適切なもの**を**1つ**選びなさい。

（令和2年度・問題2）

　1「医療的なことについては発言できません」

　2「医師の判断なら、それに従うのが良いと思います」

　3「Aさん自身は、どのようにお考えなのでしょうか」

　4「息子さんの気持ちより、一緒に暮らす奥さんの気持ちが優先されますよ」

　5「息子さんと一緒に、医師の話を聞きに行ってみてください」

ヒント　利用者の尊厳がキーワードですので、利用者の気持ちを汲むことが大切です。医学的な判断も重要ですが、それ以上に大切なことがありますね。

【正解】　3

第 **3** 章

社会の理解

制度に関して問われる「社会の理解」分野に苦手意識を持つ受験者は多いです。制度全般について問われる可能性がありますが、特に介護保険法・障害者総合支援法・生活保護制度・成年後見制度が多く出題されています。加えて、制度に関連した事例問題の出題もあります。学習のコツは、制度の全部を覚えようとせずに、基本的な知識だけ頭に入れるようにすることです！

家族について

私たちが生活していく基盤「家族」についての
定義や分類を学びましょう

　生活環境で最も重要なのは「家族」です。家族の定義は、夫婦関係を中心として、親子、兄弟、近親者などでつくられる集団とされています。

　家族の分類としては、**核家族**（夫婦のみ、夫婦と未婚の子、ひとり親と未婚の子）や**拡大家族**（複数の核家族からなる家族）などがあります。

　単身者については家族という扱いではなく、次に出てくる世帯（単身世帯）となります。

「世帯」は行政上のくくりのこと

　世帯とは、住居と家計をともにする人の集まりと定義され、行政上のくくりとして、住民登録（住民基本台帳への記載）などにも用いられています。業務の中でも「世帯主」や「世帯分離」などという言葉を聞く機会があると思いますので、それらの意味を確認しておきましょう（右ページ参照）。厚生労働省は集計上、単身世帯、核家族世帯、三世代世帯、その他の世帯に分類しています。

　家族生活を考えるうえで、仕事と家庭生活の調和（ワーク・ライフ・バランス）が重視されています。

　生活環境は人によって異なりますが、仕事だけをして生活するのはなかなか難しいですね。また、仕事の比重が大きくなりすぎると、過重労働につながって家庭生活がおろそかになりがちです。それによって、自分の健康状態にも家族との関係にも支障が出るかもしれません。

　そこで国は、2007年（平成19）年（2010年改定）、多様な働き方を選択できる社会を目指して「仕事と生活の調和（ワーク・ライフ・バランス）憲章」をつくり、働き方の見直しを推進しています。

家族の分類

核家族

夫婦のみ
夫婦と未婚の子
ひとり親と未婚の子 など

拡大家族

三世代同居など、複数の核家族から
つくられる家族

直系家族	拡大家族のうち、親と1人の既婚の子からつくられる家族
複合家族	拡大家族のうち、親と複数の既婚の子からつくられる家族
定位家族	自分が生まれ育った環境の家族。実の父母、きょうだい
生殖家族	結婚して新たに構成した家族

世帯に関連した言葉の意味

世帯	・1つ屋根の下に住んでいるものの単位 ・住居と家計をともにする ・単身赴任や通学などで一時的に別居しているものは同一世帯にはならない
世帯人員	・1つ屋根の下に住んでいる人員数
単身世帯	・単身で暮らしている人 ・間借りして1人で暮らしている人
核家族世帯	・核家族からなる世帯
三世代世帯	・直系三世代以上からなる世帯
世帯主	・主に世帯の生計を担っている人
世帯分離	・同居しているが住民票の世帯を分けること ・同じ屋根の下に世帯主が2人いる形になる

ワンポイント

家族形態はさまざまです

家族の分類は複雑ですが、整理して覚えていきましょう。それほど出題頻度の高くないテーマですが、今日の日本の状況を理解するために、家族の構成や世帯に関する用語を覚えましょう。

02 社会における家族のあり方

核家族化と高齢化の進展によって
平均世帯人員数は減少し、高齢者世帯が増えています

戦後は「産めよ育てよ」の時代であり、夫婦と子ども、さらに祖父や祖母などの三世代が一つ屋根の下で生活している家庭がめずらしくありませんでした。こうした**住居と生計をともにしている集まり**を世帯といいます。

2022（令和4）年の「国民生活基礎調査」（厚生労働省）のデータで見てみましょう。

まず、1つの世帯が何人で構成されているか（世帯人員数）を見てみると、1953（昭和28）年の平均世帯人員数は約5人でした。しかし、高度経済成長期を経て核家族化が進展し、2022（令和4）年の平均世帯人員数は2.25人となっており、ほぼ半減しています。

それに対し、世帯数のほうは増加しています。1953（昭和28）年は約1718万世帯だったのが、2022（令和4）年には約5431.05万世帯となりました。

65歳以上の高齢者がいる世帯が約半数を占めている

高齢化に伴い、高齢者がいる世帯数も増加しています。

65歳以上の高齢者がいる世帯は2747.4万世帯あり、これは全世帯の約半分（50.6%）となっています。つまり、2軒に1軒は高齢者を含む世帯であるということです。

また、一人暮らしや夫婦のみで暮らしている高齢者世帯の数も激増しています。1989（平成元）年と2022（令和4）年を比較すると、一人暮らしの高齢者数は約5.5倍（159.2万人→873.0万人）で、夫婦のみで暮らしている高齢者数も約4.5倍（363.4万人→1638.3万人）となっています。そして、この増加傾向は、今後も続いていくものと予想されます。

◎ 世帯数と平均世帯人員の年次推移

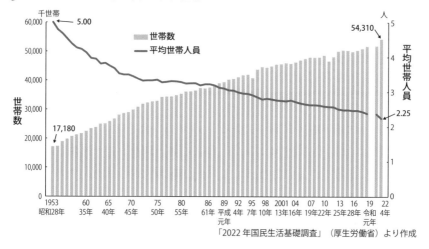

「2022年国民生活基礎調査」（厚生労働省）より作成

◎ 2022（令和4）年と1989（平成元）年の比較

	65歳以上の 単独世帯（人数）	65歳以上の 夫婦のみ世帯（人数）	三世代世帯 （世帯数）
1989（平成元）年	159.2万人	363.4万人	438.5万世帯
2022（令和4）年	873.0万人	1638.3万人	194.7万世帯

「2022年国民生活基礎調査」（厚生労働省）より作成

三世代世帯数は減少していますが、65歳以上の単独・夫婦のみの世帯は増加しています

 ワンポイント

行政データは、数値のすべてを覚えなくて OK

毎年のように「高齢者白書」や「国民生活基礎調査」などの調査結果に関連した出題があります。しかし、細かいデータを覚えようとしなくても大丈夫です。その中で覚えてほしいのは、高齢化率のパーセンテージや世帯数の減少などの一般的な知識です。試験に向けて覚えるべきものは、次のテーマでお話しします。

03 人口構造の変化に伴う社会の変化

日本の総人口は減少傾向ですが、単身世帯と
核家族世帯の増加により世帯数は増えています

「人口推計」（総務省統計局）によると、2023（令和5）年10月1日現在、日本の総人口は約1億2434万人で、**総人口は、年々、減少傾向**にあります。しかし、**65歳以上の人口については、増加傾向**にあり、約3621万人となっています。

総人口が減少しているにも関わらず、65歳以上人口が増加しているということは、高齢化率が上昇しているということでもあります。

単身世帯や核家族世帯の増加で家族による介護が難しくなっている

一方、日本の**総世帯数は増加**しています。

その理由は、昔は多かった三世代世帯が減少し、単身世帯や核家族世帯が増加しているためです。

このことによって、家族の役割と機能も変わってきました。たとえば、かつての三世代世帯であれば、おじいちゃんが年を取り、介護を必要とする状態になれば、その息子や娘、孫などが協力して介護を担うことが多かったのですが、高齢者の単身世帯や核家族世帯が増加していくと、そういうわけにはいかなくなります。

家族による介護から、社会で介護に取り組む構造へ

このように、家族構成や人口構造の変化により、社会にも変化が求められるようになりました。家庭内だけで介護のすべてを担うのではなく、**社会で高齢者を支えていく構造が必要**となったのです。

そこで誕生したのが介護保険制度です。こうした「家族による介護から、社会で介護に取り組む」という動きのことを、**介護の社会化**と呼んでいます。

◉ 日本の人口の推移

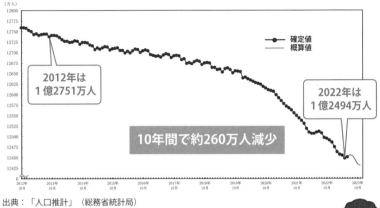

出典：「人口推計」（総務省統計局）

日本の総人口は減少
傾向にあります

◉ 家族介護から社会介護へ（介護の社会化）

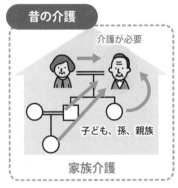

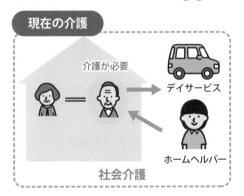

📖 ワンポイント

日本社会の現状と動向をつかもう

1つ前のテーマで、詳細なデータではなく、一般的な知識を覚えてほしいとお話ししました。具体的には、「人口は減少している」「高齢化が進行中」「世帯数や世帯人員数の推移」といったことです。それに関連して「家族介護から社会介護へ変化している」など、日本の現状について知っておけば十分です。

04 社会福祉六法

社会保障の基本的な考え方と
社会福祉を実現する法律について知っておきましょう

　社会保障とは、個人的リスクを国が守ること（保障）をいいます。私たちが生活していくうえで、個人的リスクはいくつも存在します。たとえば、突然の病気やケガ、失業などもリスクです。こうしたリスクに対して、個人でなんとかしようとするのは大変です。そこで、国があらかじめそのリスクを考え、一定の状態になった人に対して金銭的支援などを行うのです。

　社会保障が世界で初めて登場したのはイギリスです。シドニー・ウェッブがナショナル・ミニマムを提唱しました。これは、**政府と自治体が国民の最低限度の生活を保障すること**です。日本でいう生活保護制度のようなものでした。

　ちなみに、日本の社会保障は、税金と保険料でまかなう社会保険と、税金だけでまかなう社会扶助に大別されます。

戦後、福祉三法が制定され、福祉六法体制へとつながる

　社会福祉は、社会保障の一部です。日本に社会福祉の概念が普及したのは戦後です。日本国憲法が制定され、それに伴って法整備が進められていきました。

　戦後、まず福祉的支援を必要としたのは、戦争で負傷した軍人（傷病者）、戦争で親を失った子どもたち（戦災孤児）、貧困に苦しむ人々（被災者）でした。これらを支援するために、**身体障害者福祉法、児童福祉法、生活保護法**が制定されました。これらが福祉三法といわれるものです。

　困っていたのはそれらの人だけではありません。ひとり親、高齢者、知的障害者の支援を目的に**母子及び父子並びに寡婦福祉法**（現在の名称）、**老人福祉法、知的障害者福祉法**（現在の名称）も制定され、福祉三法とあわせて福祉六法と呼ばれています。

◎ 世界初の社会保障がイギリスで登場

「ナショナル・ミニマム」

＝ シドニー・ウエッブ（イギリス）
が提唱

国家が国民に保障する最低限度の生活

◎ 日本の社会保障制度

社会扶助は、現金または
サービスを提供します！

社会保障制度	財源
社会保険	税金と保険料
社会扶助	税金

◎ 日本の社会保障制度の法的根拠となる法律

福祉六法	身体障害者福祉法	福祉三法
	児童福祉法	
	生活保護法	
	母子及び父子並びに寡婦福祉法	
	老人福祉法	
	知的障害者福祉法	

ワンポイント

世界の社会保障は必須用語を押さえる

毎年受験生を悩ませる「世界の社会保障」ですが、出題数としては多くはありません。どうしても難しければ捨ててもよいでしょう。ただし、「ノーマライゼーション」など、必ず知っておくべき用語は覚えてください。本書でそれらの用語は説明していきますので、そのつどチェックしていきましょう。

05 社会保障制度の しくみの基礎的理解

私たちの生活を支えてくれる
社会保障制度の役割について理解しましょう

　私たちが安心して暮らすことができるのは、社会保障制度のおかげといっても過言ではありません。しかしながら、普段はあまり意識をせずに生活しているのではないでしょうか。ここで、社会保障について、その役割について考えてみましょう。

　社会保障は、**セーフティネット**とも呼ばれます。日本語では「安全網」です。たとえば、自分が突発的な事故（病気やケガ、失業など）にあい、崖から落ちてしまう状況をイメージしてみてください。下まで落ちてしまったら、そのまま死んでしまいます。でも、落ちる途中にセーフティネットがあれば、そこに引っかかって命は助かります。

　つまり、社会保障というのは、国が安全網（制度や保険）を設置し、事故にあった人を救ってくれるシステムなのです。

　しかし、中には、いずれのセーフティネットにも引っかからない人もいます。このような人を最終的に救うものが、**生活保護制度**です。そのため、生活保護制度は「最後のセーフティネット」と呼ばれています。

社会保障には、社会保険と社会扶助の2つがある

　日本の社会保障は、**社会保険と社会扶助**に分類されると前項でお話ししました。

　社会保険は、**国や地方公共団体が保険者**となり、被保険者から保険料を徴収し、公費（税金）とあわせて給付を行う制度です。

　社会扶助は公費を主な財源として、金銭給付や現物給付を行うものです。

　現在の日本では、社会保険は5種類あります。社会扶助は児童や障害者、低所得者など、福祉的支援が必要な人に対して、現金給付やサービスを提供しています。試験対策としては、まず社会保険を先に覚えましょう。

◎ 社会保障の安全網〔セーフティネット〕（一部）

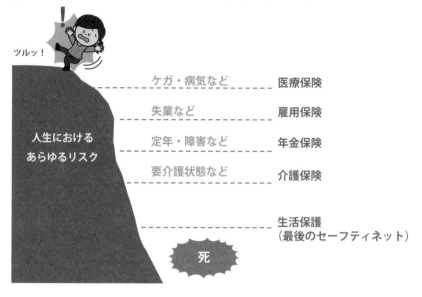

ケガ・病気など	医療保険
失業など	雇用保険
定年・障害など	年金保険
要介護状態など	介護保険
	生活保護（最後のセーフティネット）

ツルッ！

人生における
あらゆるリスク

死

◎ 社会保険の種類と保険事故

保険の種類	保険事故
年金保険	老齢、障害など
医療保険	ケガ、病気など
労働者災害補償保険（労災保険）	業務上災害など
雇用保険	失業など
介護保険	要介護、要支援状態など

社会保険は5種類あります！保険事故は、保険給付を受ける要件です

ワンポイント

社会保障は、自助・互助・公助・共助のうちどれか？

社会保障は国民を守るために存在します。社会保障の多くは「公助」に該当します。さまざまな苦難（ケガや病気、失業など）に遭遇したときに一定の保障があると助かりますね。そして、あらゆる保障を使っても生活できないときに発動するのが生活保護です。生活保護が「最後のセーフティネット」と呼ばれる理由です。

06 国民皆年金・国民皆保険

年金制度の種類と加入者、
医療保険制度の種類と加入者を押さえておきましょう

◆ 年金制度

日本の年金制度は、大きく分けて**厚生年金**と**国民年金**があります。自営業者や学生などが国民年金に加入し、会社員や公務員などは厚生年金にも加入します。国民年金の被保険者は3種類に区分されており、第1号被保険者は20歳以上60歳未満の自営業者や学生など、第2号被保険者は厚生年金の被保険者、そして第3号被保険者はその配偶者になります。年金には、老齢年金だけではなく、障害年金や遺族年金などがあります。

◆ 医療保険制度

都道府県や市町村、一部の事業団体が設立する保険組合が保険者となる**国民健康保険**、会社員が加入する**健康保険**（大企業が設立する組合健康保険や協会けんぽなど）、船員保険や公務員が加入する**各種共済保険**があります。

◆ 75歳以上の医療保険制度

高齢化で財源がひっ迫するなか、高齢者に特化した制度が必要となり、2008（平成20）年に「高齢者の医療の確保に関する法律」（高齢者医療確保法）が成立、**後期高齢者医療制度**が創設されました。被保険者は原則75歳以上で、自己負担は年齢・所得に応じて1〜3割となりました。

「病院」と「診療所」の違いを知ろう

医療法には、医療施設に関する基準があります。病院は、**病床が20床以上**ある医業・歯科医業を行う場所で、診療所は**無床もしくは19人以下**の患者を入院させる施設がある場所です。また、病院等の役割分担も進んでおり、厚生労働大臣が承認し高度の医療を提供する病床数400床以上の**特定機能病院**や、都道府県知事が承認して地域の他の医療機関を支援することができる200床以上の**地域医療支援病院**などが増えています。

日本の年金制度

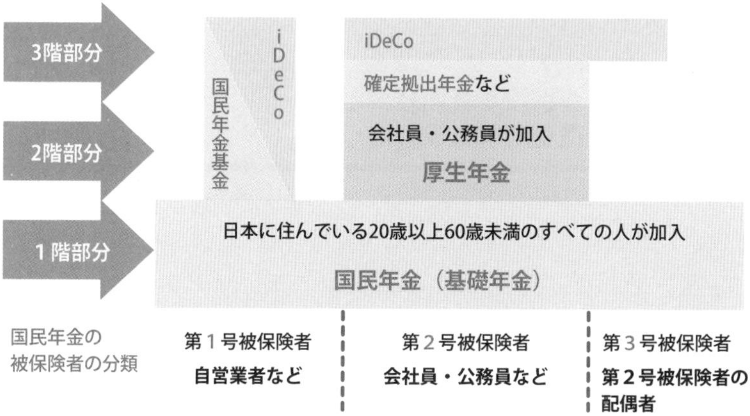
3階部分
2階部分
1階部分
国民年金基金
iDeCo
iDeCo
確定拠出年金など
会社員・公務員が加入
厚生年金
日本に住んでいる20歳以上60歳未満のすべての人が加入
国民年金（基礎年金）
国民年金の被保険者の分類
第１号被保険者
自営業者など
第２号被保険者
会社員・公務員など
第３号被保険者
第２号被保険者の配偶者

老齢年金の受給要件

①保険料納付（免除）期間10年以上
②65歳以上
（60歳から繰り上げ支給可。66～75歳まで繰り下げ支給も可）

日本の医療保険制度

分類	保険者
国民健康保険	市町村
	国保組合
健康保険	組合健康保険
	協会けんぽ
船員保険	
共済組合	

75歳以上は後期高齢者
医療制度に加入します

ワンポイント

国民皆年金と国民皆保険

日本では、一定の要件に該当した場合、医療保険と年金保険に加入しなければなりません。介護福祉士試験の対策としては、現在の両保険制度について理解しておけば、問題ありません。

07 介護保険制度の目的

介護保険制度が創設された経緯と
その目的と特徴を理解しましょう

　超高齢社会の到来により健康保険の財源がひっ迫し、さまざまな施策が進められてきたことは前節でも述べました。

　この医療費のひっ迫の要因の1つが**社会的入院**です。社会的入院とは、治療や療養の必要がないにもかかわらず入院していることです。社会的入院が多いということは、高齢者が在宅で生活することが難しい状況を示しています。しかし、医療費が本来の目的と異なる使い方をされるのは問題です。よって、高齢者福祉の見直しが行われ、医療の一部と介護に特化した**介護保険制度**が創設されたのです。

介護保険制度の目的と特徴

　人口構造の変化や核家族化の進展によって、家族が介護を全面的に担っていくことが難しくなりました。そこで、新たな制度では、**介護を社会全体で支えていくスタイル（介護の社会化）**を推し進めていくことになりました。

　これまでの福祉サービスでは、利用者が受けるサービスを選択するのではなく、行政がサービスを決めるシステムでした（措置制度）。

　しかし、介護保険制度では**利用者本位**が大前提です。そのため、利用者と事業者・施設が契約を結ぶことでサービスを利用することができる「契約制度」を取り入れたのです。

　さらに、今まで行政のみが提供していたサービスを民間に広く開放することによって、株式会社やNPO（特定非営利活動）法人なども参入できるようになりました。これによって、事業者間の競争意識が高まり、サービスの質の向上も重要視されるようになりました。今では当たり前のように耳にするケアマネジメントという言葉も、この介護保険制度の創設によって日本に定着したものです。

◎ 介護保険制度の特徴①〜措置から契約へ

以前は……

・**措置**

Aさんの行くデイサービスを行政が決める

→ 行政処分

デイサービス
に行きたい

90歳男性 Aさん

介護保険制度下では……

・**契約**

行きたいデイサービスとAさんが契約する

→利用者本位

◎ 介護保険制度の特徴②〜競争原理

以前は……

・**行政のみが行うサービス**

「利用者を確保できるから、
　質の向上に取り組まなくてもいいや」

介護保険制度下では……

・**株式会社やNPO法人などが参入**

「質を向上させないと、
　利用者は他の施設に行ってしまう。大変！」

介護保険制度がスタート
し、サービスを供給する
事業者が増えました

📖 **ワンポイント**

2000年以降の高齢者福祉は必ず理解しておこう

ここでは過去の高齢者福祉についても解説しましたが、試験に出るのは、
主に2000年以降（介護保険法の施行後）についてです。比較しながら
の学習も効果的ですが、まずは「現在の高齢者福祉がどういうものか」を
確実に理解しておきましょう。

08 介護保険制度の 保険者と被保険者

介護保険の直接の業務を行う「保険者」は 市町村および特別区です

　保険者とは保険給付を行う者のことです。介護保険の保険者は**市町村およ び特別区**です。特別区というのは東京23区だけなので、みなさんがお住まい の市町村が保険者になると考えてください。

　被保険者は、住民票のある65歳以上の人が**第1号被保険者**、住民票のあ る40歳以上65歳未満で医療保険（国民健康保険や協会けんぽ、会社の組 合保険など）に加入している人が**第2号被保険者**となります。

　被保険者は保険者に対して保険料を納める必要がありますが、その支払方 法は、第1号被保険者の場合は**特別徴収**（年金から天引きされる）と**普通 徴収**（納入通知書が送付されて振り込む）の2パターンがあります。第2号 被保険者は、医療保険者が医療保険料と合算して徴収します。

要介護・要支援と認定されると、介護サービスが使える

　保険料をきちんと納めていれば、介護が必要なときに介護サービスが使え ると思いがちですが、実はそう簡単ではありません。第1号被保険者と第2 号被保険者では、要件が少し異なります。

　たとえば、69歳と43歳の2人で比べてみましょう。両者とも道端で転 倒して、車いす状態になったとします。まず、69歳の人は介護保険の申請後、 要介護認定や要支援認定を経て介護サービスを使うことができます。

　一方、43歳の人は、介護保険の申請すらできません。第2号被保険者が 介護保険の申請をする際は、一部の限られた病気が原因でないといけないと いう決まりがあるからです。その病気を**特定疾病**といいます。特定疾病は基 本的には**老化が主な原因で発症する病気**で、現在16種類あります。ただし、 この事例の43歳の人の場合、介護サービスは受けられませんが、障害福祉 サービス（93ページ参照）を利用することは可能です。

◎ 介護保険の保険者と被保険者は？

保険者　市町村および特別区

被保険者	第1号被保険者	住民票　＋　65歳以上	
	第2号被保険者	住民票　＋　40歳以上 65歳未満	＋　医療保険加入

◎ 同じ車いす状態でも、介護サービスが「使える人」と「使えない人」がいる

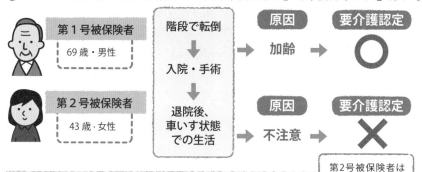

第2号被保険者は特定疾病が原因でないと要介護認定されません

16種類の 特定疾病

① がん[※]
② 関節リウマチ
③ 筋萎縮性側索硬化症（ALS）
④ 後縦靱帯骨化症
⑤ 骨折を伴う骨粗鬆症
⑥ 初老期における認知症
⑦ 進行性核上性麻痺、
　大脳皮質基底核変性症および
　パーキンソン病
⑧ 脊髄小脳変性症

⑨ 脊柱管狭窄症
⑩ 早老症
⑪ 多系統萎縮症
⑫ 糖尿病性神経障害、糖尿病性腎症
　および糖尿病性網膜症
⑬ 脳血管疾患
⑭ 閉塞性動脈硬化症
⑮ 慢性閉塞性肺疾患
⑯ 両側の膝関節または股関節に著しい
　変形を伴う変形性関節症

※医師が一般に認められている医学的知見に基づき回復の見込みがない状態に至ったと判断したものに限る

ワンポイント

「介護保険法」と「障害者総合支援法」は超重要！

2000年以降の福祉が試験では頻出ですが、具体的には、高齢者福祉では「介護保険法」、障害者福祉では「障害者総合支援法」が重要です。「社会の理解」分野では、この2つの法律が半分以上出題された年もあります。

09 介護保険の保険給付 サービスの種類・内容

保険給付には、介護給付、予防給付、市町村特別給付の3種類があります

　介護保険制度の保険給付は、要介護者（要介護度は1～5）が対象の**介護給付**、要支援者（要支援度は1～2）が対象の**予防給付**、市町村が独自で対象者を決めて行う**市町村特別給付**の3種類があります。介護給付と予防給付は、都道府県知事が指定するものと市町村長が指定するものがあります。

◆ 居宅サービスと介護予防サービス

　両方とも都道府県知事が指定するサービスですが、居宅サービスは要介護者が対象で、介護予防サービスは要支援者が対象です。内容はほとんど同じですが、介護予防サービスには、ホームヘルプサービスとデイサービスがありません。要支援者のホームヘルプサービスとデイサービスは、地域支援事業（88ページ参照）で実施されます。

◆ 地域密着型サービス

　市町村長が指定するサービスです。要介護者が利用できるものが9つ、要支援者が利用できるものが3つあります。認知症専用のグループホームや夜間の巡回サービスなどがあります。

◆ 施設サービス

　「介護保険施設」といわれるもので3つあります。都道府県知事が指定（または許可）し、要介護者しか利用できません。しかも、介護老人福祉施設（特別養護老人ホーム）は原則要介護3以上の人しか利用できません。

◆ ケアプラン作成事業

　要介護者は居宅介護支援、要支援者は介護予防支援と名前が違いますが、ともに市町村長が指定します。ケアプラン作成費は利用者負担が0円です（全額保険からお金が出ます）。居宅介護支援事業者で働くケアマネジャー（**介護支援専門員**）は公的資格で、試験合格後、実務研修の修了後に都道府県に登録することで業務に従事できます（登録の有効期間は5年間）。

◎ 介護給付と予防給付のサービス

	介護給付	予防給付
都道府県知事が指定権者（指定都市・中核都市の長を含む）	**居宅サービス** 【訪問サービス】 　訪問介護 　訪問入浴介護 　訪問看護 　訪問リハビリテーション 　居宅療養管理指導 【通所サービス】 　通所介護 　通所リハビリテーション 【短期入所サービス】 　短期入所生活介護 　短期入所療養介護 【特定施設サービス】 　特定施設入居者生活介護 【福祉用具サービス】 　福祉用具貸与 　特定福祉用具販売	**介護予防サービス** 【訪問サービス】 　介護予防訪問入浴介護 　介護予防訪問看護 　介護予防訪問リハビリテーション 　介護予防居宅療養管理指導 【通所サービス】 　介護予防通所リハビリテーション 【短期入所サービス】 　介護予防短期入所生活介護 　介護予防短期入所療養介護 【特定施設サービス】 　介護予防特定施設入居者生活介護 【福祉用具サービス】 　介護予防福祉用具貸与 　特定介護予防福祉用具販売
	施設サービス 【福祉系施設サービス】 　介護老人福祉施設 【医療系施設サービス】 　介護老人保健施設 　介護医療院	一覧表にして2つの給付を比較すると、目で理解することができるのでオススメです！
市町村長が指定権者	**地域密着型サービス** 定期巡回・随時対応型訪問介護看護 夜間対応型訪問介護 地域密着型通所介護 認知症対応型通所介護 小規模多機能型居宅介護 認知症対応型共同生活介護 地域密着型特定施設入居者生活介護 地域密着型介護老人福祉施設入所者生活介護 看護小規模多機能型居宅介護 （複合型サービス） **居宅介護支援**	**地域密着型介護予防サービス** 介護予防認知症対応型通所介護 介護予防小規模多機能型居宅介護 介護予防認知症対応型共同生活介護 **介護予防支援**

📖✏️ **ワンポイント**

都道府県知事と市町村長のどちらかが指定権者となります

介護保険法では、事業者・施設を指定（許可）する人は2人しかいません。それは、都道府県知事と市町村長です。どのサービスをどちらが指定するかを覚えなければいけませんが、まずは、市町村長が指定するサービスから覚えてみましょう。

10 介護保険制度の実施主体

保険者である市町村と、それを後方支援する
都道府県の役割を理解しましょう

介護保険制度の要は市町村

　介護保険制度を運営するうえで、市町村の役割は膨大（ぼうだい）です。被保険者の管理にはじまり、納入通知書の送付（普通徴収の場合）や保険料の納付状況の確認などの事務作業もありますし、国の方向性にあわせた**市町村介護保険事業計画**も作成します。

　介護サービスを使うためには、被保険者の要介護状態・要支援状態を市町村に決定してもらう必要があります。これを**要介護等認定（ようかいごとうにんてい）**といいます。市町村は、申請の受付から認定調査、介護認定審査会の設置運営など、被保険者に必要なサービスを提供できるような体制を整えます。

　都道府県には、保険者である市町村を助ける（後方支援（こうほう））役割があります。市町村が保険者なので、被保険者と接する機会が多いのは市町村ですが、介護保険サービスを提供する事業者や施設と接する機会が多いのは都道府県です。そのため、介護保険サービスの多くは都道府県知事が監督するサービスとなっています。

　市町村の介護保険財政に不足が生じた場合には、都道府県が貸付や交付を行うため、**財政安定化基金**という貯金箱のようなものを設置したり、**都道府県介護保険事業支援計画**を策定したりします。

事業者・施設は、都道府県知事または市町村長から指定を受ける

　サービスを提供する事業者・施設には一定の基準が設けられていて、その基準をクリアできれば、**都道府県知事**または**市町村長**から指定を受けられます（一部の施設は許可）。なお、指定には有効期限があり、6年ごとに指定の更新を受けなければなりません。

◎ 市町村の役割

被保険者関係	資格管理 保険料徴収 保険給付
指定関係	地域密着型サービス 居宅介護支援・介護予防支援
認定関係	認定調査 介護認定審査会の設置
地域支援事業関係	地域支援事業の実施 地域包括支援センターの設置

◎ 都道府県の役割

指定関係	居宅サービス 介護予防サービス 施設サービス
後方支援サービス	財政安定化基金の設置 介護保険審査会の設置

サービスを提供する事業者・施設が指定を受けると、6年ごとに更新する必要があります

 ワンポイント

行政の役割は本書のものだけ覚えよう

介護保険法において、市町村が行うこと、都道府県が行うことは数限りなく存在します。すべて覚えることは不可能ですから、まずは、本書にまとめてあるものだけ覚えましょう。欲張ってすべてを覚えようとすると、深みにはまってしまいます。頻出の重要箇所まで手が回らなかったり、忘れてしまいますので、要注意！

11 地域支援事業

介護保険に定められている地域支援事業と
地域包括支援センターについて理解しましょう

　要介護や要支援の高齢者が増えれば増えるほど、介護給付費は増えます。逆に言えば、「**できる限り要介護・要支援の高齢者を増やさない（健康寿命の延伸）**」「**要支援の高齢者を要介護にしない（重度化予防）**」という施策を推進していくことは、介護給付費を増やさない取組みになります。こうした観点から、**地域支援事業**が創設されました。

　地域支援事業をスムーズに進めるために誕生したのが**地域包括支援センター**です。地域包括支援センターには、**保健師・社会福祉士・主任介護支援専門員（主任ケアマネジャー）の３職種**が配置され、地域の保健医療の向上や福祉の増進を包括的に支援しています。また、市町村内で２つ以上の地域包括支援センターが存在している場合、**地域包括支援センター運営協議会**という問題の共有や連携を行う組織も設置されます。

地域支援事業の主な３事業

　地域支援事業には、大きく分けて３事業があります。

　①**介護予防・日常生活支援総合事業**では、要支援者や要支援になる可能性が高いと思われる高齢者に対して、ホームヘルプやデイサービスなどを提供します。

　②**包括的支援事業**は、地域包括支援センターの３職種が連携して行う事業（介護予防ケアマネジメント、総合相談支援業務、権利擁護業務、包括的・継続的ケアマネジメント支援業務）と、地域包括支援センター以外で行ってもよい事業があります。たとえば、「在宅で医療と介護の連携を進める事業」であれば医師会が行い、「認知症の支援を行う事業」であれば、認知症専門の病院が行うなど、より専門的な機関が担うほうが望ましいからです。

　③**任意事業**は各市町村が独自に実施する事業です。

◎ 地域支援事業の主な内容

介護予防・ 日常生活支援 総合事業	介護予防・生活支援 サービス事業 （第1号事業）	① 訪問型サービス ② 通所型サービス ③ 生活支援サービス ④ 介護予防ケアマネジメント
	一般介護予防事業	① 介護予防把握事業 ② 介護予防普及啓発事業 ③ 地域介護予防活動支援事業 ④ 一般介護予防事業評価事業 ⑤ 地域リハビリテーション活動支援事業
包括的 支援事業	地域包括支援センター 運営分	① 第1号介護予防支援事業（要支援者にかかる 　ものを除く） ② 総合相談支援業務 ③ 権利擁護業務 ④ 包括的・継続的ケアマネジメント支援業務
	社会保障充実分	⑤ 在宅医療・介護連携推進事業 ⑥ 生活支援体制整備事業 ⑦ 認知症総合支援事業 ⑧ 地域ケア会議推進事業
任意事業	家族介護支援事業、介護給付等費用適正化事業　……など	

地域支援事業には、大きく分けて3つの事業があります

◎ 地域包括支援センターとは？

地域包括
支援センター

目的	地域の保健医療の向上、および福祉の増進を包括的に支援すること
設置主体	市町村（ただし、市町村から包括的支援事業の委託を受けた者も設置することができる）
職員配置 基準	保健師、社会福祉士、主任介護支援専門員のほか、他の専門職や事務職が配置される

📖✒️ **ワンポイント**

「地域＝市町村」と覚えます

介護保険法では「地域」という言葉がよく出てきます。介護保険法で「地域」とくれば、99％は「市町村」のことを意味します。地域支援事業は市町村が行う事業ですし、地域包括支援センターは市町村が設置するセンターとなります。

12 障害者の定義と
障害者福祉の動向

身体障害・知的障害・精神障害の定義、
障害者の制度を定めた法律について理解しましょう

みなさんが思い浮かべる「障害者」とは、どのような状態の人でしょう。車いすに乗っている人でしょうか。杖をついて歩いている人でしょうか。そのようなイメージは誤っている可能性があります。

まず、障害の種別は、**身体障害・知的障害・精神障害**と3分類されます。そして、日本における身体障害と精神障害の定義は、**障害者手帳（身体障害者手帳・精神障害者保健福祉手帳）を持っている人**です。先ほど例に挙げた車いすに乗っている人が手帳を持っていれば「障害者」となりますし、持っていなければ、そうではないことになるのです。

知的障害者の定義は法律上定められていません。「18歳ごろまでに知的機能が正常に発達しない」ことを知的障害としていますが、どこまでが正常であるのかの判別が難しいとされています。そのため**障害者総合支援法**では、知的障害の手帳（療育手帳等）を取得していなくても必要であると求められればサービスを受けることができます。

障害者総合支援法に至るまでの流れは？

近年、障害者の制度は大きく変化しています。まず、2003（平成15）年から**支援費制度**がスタートし、介護保険から遅れること3年、ようやく契約制度（80ページ参照）となりました。しかし、財政上の問題でこの支援費制度は3年で終わることとなります。

2006（平成18）年4月からは**障害者自立支援法**がスタートしましたが、利用者負担を介護保険同様、定率負担（上限あり）としたため利用者の負担が増大してしまいました。施行当初からよりよい制度へ拡充させていく会議が開かれ、結果2013（平成25）年より**障害者総合支援法**となり、少しずつ変化しながら現在に至っています。

◎ 障害を定義する法律

法律	条文	手帳の等級
身体障害者福祉法	第4条	1〜6級
知的障害者福祉法	規定なし	A・B
精神保健福祉法	第5条	1〜3級

◎ 障害者総合支援法に至るまでの変遷

2003年4月〜 2006年3月	2006年4月〜 2013年3月	2013年4月〜

 → → 障害者総合支援法

特徴　措置から契約へ　　　　三障害の一元化　　　　対象者に難病を追加

知的障害者の手帳の名前は
自治体によって変わります

◎ 障害者のイメージ

車いすに乗っている人　　　杖をついている人　→　見た目だけで
障害の有無を
判断することは
できません

ワンポイント

「障害」の定義は、法律ごとに異なります

介護福祉士の試験では、「障害」という言葉がたくさん出てきます。この
「障害」についてですが、実は、法律によってその障害の定義が変化しま
す。「障害者○○法」と出てきたときには、その法律の中で「障害の定義」
は何かを確認してみましょう。

でる度 ★★☆

13 障害者総合支援制度の自立支援給付、地域生活支援事業

自立支援給付と地域生活支援事業の
種類と概要を理解しましょう

　障害福祉サービスにはさまざまなものがあり、障害の種類や生活の状況などによっても提供されるサービスは異なります。また、法律によっても内容が変わってきます。

　ここでは、**障害者総合支援法**に基づいたサービスについてまとめていきますが、大きく分けて**自立支援給付**と**地域生活支援事業**の2つのサービスがあります。

自立支援給付と地域生活支援事業の概要

　自立支援給付には、ホームヘルプサービスやデイサービスなどで構成される**介護給付**、主に就労や自立の支援を行う**訓練等給付**、障害者医療に関する**自立支援医療**、身体の機能を補完する**補装具**（ほそうぐ）、施設から地域生活へ移行する際の相談にのり、そしてその地域で定着するための支援を行う**地域相談支援**、そして障害者のケアプラン（サービス等利用計画）を作成する**計画相談支援**があります。このうち自立支援医療は、医療費の自己負担額を軽減するサービスで、育成医療、更生医療（こうせい）、精神通院医療として自立支援医療費が支給されます。

　地域生活支援事業は、文字通り、障害者が地域生活を支援していくため、障害者が必要とするサービスを提供していく事業ですが、市町村と都道府県が実施する内容が異なります。

　市町村は、**移動支援事業（ガイドヘルプサービス）**や**意思疎通支援事業**（そつう）、成年後見制度利用支援事業、手話奉仕員養成研修事業（しゅわほうしいん）などを実施します。

　都道府県は、**専門性の高い相談支援**、**専門性の高い意思疎通支援を行う者の養成研修事業**などを実施しています。

◎ 障害福祉サービス（自立支援給付）

介護給付におけるサービス	訪問系	居宅介護 （ホームヘルプ）	自宅で、入浴、排泄、食事の介護などを行う
		重度訪問介護	重度の肢体不自由者または重度の知的障害者もしくは精神障害により行動上著しい困難を有する者であって常に介護を必要とする人に、自宅で、入浴、排泄、食事の介護、外出時における移動支援、入院時の支援等を総合的に行う
		同行援護	視覚障害により、移動に著しい困難を有する人が外出する時、必要な情報提供や介護を行う
		行動援護	自己判断能力が制限されている人が行動するときに、危険を回避するために必要な支援、外出支援を行う
		重度障害者等 包括支援	介護の必要性がとても高い人に、居宅介護等複数のサービスを包括的に行う
	日中活動系	短期入所 （ショートステイ）	自宅で介護する人が病気の場合などに、短期間、夜間も含めた施設で、入浴、排泄、食事の介護等を行う
		療養介護	医療と常時介護を必要する人に、医療機関で機能訓練、療養上の管理、看護、介護および日常生活の世話を行う
		生活介護	常に介護を必要とする人に、昼間、入浴、排泄、食事の介護等を行うとともに、創作的活動または生産活動の機会を提供する
	施設系	施設入所支援	施設に入所する人に、夜間や休日、入浴、排泄、食事の介護等を行う
訓練等給付におけるサービス	居住支援系	自立生活援助	一人暮らしに必要な生活力を補うために定期的な居宅訪問や随時の対応により、相談や助言、必要な支援を行う
		共同生活援助 （グループホーム）	夜間や休日、共同生活を行う住居で、相談、入浴、排泄、食事の介護、日常生活上の援助を行う
	訓練系・就労系	自立訓練（機能訓練・生活訓練）	自立した日常生活または社会生活ができるよう、一定期間、身体機能の維持、向上のために必要な訓練を行う
		就労移行支援	一般企業等への就労を希望する人に、一定期間、就労に必要な知識および能力の向上のために必要な訓練を行う
		就労継続支援 （A型・B型）	一般企業等での就労が困難な人に、就労の機会を通して能力等の向上のために必要な訓練を行う
		就労定着支援	一般就労に移行した人に就労に伴う生活面の課題に対応するための支援を行う

● 自立支援医療

	対象
育成医療	18歳未満の身体障害児
更生医療	18歳以上の身体障害者
精神通院医療	精神障害者等（手帳の有無問わず）

14 障害者総合支援制度の利用手続き

障害福祉サービスを利用するための手続きと
その内容について理解しましょう

　障害者総合支援法における障害福祉サービスを利用するためには、まず、市町村に対して申請を行う必要があります。申請できる人の要件や手順について詳しく見ていきましょう。

給付の利用には、障害支援区分の認定を受ける必要がある

　介護給付費等の支給を受けようとする障害者やその家族は、市町村に申請し、障害支援区分の認定を受けます。障害者申請ができるのは、**身体障害者、知的障害者、精神障害者、一部の難病の人**です。

　障害支援区分とは、障害の特性や心身の状態に応じて必要とされる標準的な支援の度合を総合的に示す区分で、6段階（区分1〜区分6）あり、区分6が最重度になります。

　障害支援区分が決定すると、ケアプランを作成していきます。障害者のケアプランは、**サービス等利用計画**と呼ばれ、**相談支援専門員**が作成します。ケアマネジメント（40ページ参照）を実施し、利用者のニーズに応じた計画が作成されます。それをもとに支給決定がなされ、サービスが提供されます。

　この支給決定は、たとえばAさんの場合は「居宅介護20時間、生活介護5日」などと、時間や日単位で行われます。利用者の個別の事情や生活環境に応じて決定されるので、同じ障害支援区分であっても支給決定時間数などは異なります。

　サービス等利用計画が確定し、実際にサービスが利用されるようになった後は、一定期間ごとに**モニタリング**も行われます。モニタリングの頻度は利用者ごとによって異なりますが、必要度が高い場合は月に1回、少なくても6カ月に1回は行われなければなりません。

◎ 障害支援区分認定とサービス利用までの流れ

相談・申請	市町村の障害福祉担当窓口に相談し、サービスを希望する場合は申請する
認定調査	市町村の認定調査員と面接する。心身の状況に関する80項目の調査がある
一次判定	調査の内容をコンピュータが判定する
二次判定	市町村審査会が一次判定の結果や医師の意見書をふまえて判定する
認定結果通知	二次判定の結果に基づいて、非該当、障害支援区分1〜6の認定を行い、結果を通知する
サービス等利用計画案の作成・提出	指定特定相談支援事業者に計画案の作成を依頼して、市町村に提出する（申請者自身で作成してもよい）
支給決定	提出されたサービス等利用計画案などをふまえて、市町村によってサービス支給の決定がなされる
サービス等利用計画の作成	指定特定相談支援事業者がサービス等利用計画を作成する
サービスの利用開始	申請者は、サービス提供事業者と契約を結び、サービスを開始する

> サービス等利用計画を作成する特定相談支援事業者は、障害者のケアプランセンターで、相談支援専門員は、障害者のケアマネジャーですね

 ワンポイント

ケアプランを作成するのが相談支援専門員です

障害者のケアプラン（サービス等利用計画）を作成するのが相談支援専門員で、特定相談支援事業者に配置されています。介護保険のケアマネジャー（介護支援専門員）とは違い、試験はありませんが一定の研修を修了しなければなりません。

15 障害者福祉に関する制度

障害者総合支援法以外の
障害者施策について知っておきましょう

　障害者差別解消法は、2016（平成28）年4月1日に施行されました。障害を理由とする不当な差別的取り扱いの禁止や合理的配慮の提供などが定められています。合理的配慮とは、障害者の申し出に基づき、事業者の負担が過大にならない範囲で配慮を行うというものであり、共生社会（きょうせい）を目指すわが国にとって非常に重要な考え方となります。

　精神保健及び精神障害者福祉に関する法律（精神保健福祉法）は、1950（昭和25）年に精神衛生法として制定されて以来、名称変更や数回の改正を経て現在に至っています。

　この法律では、**精神障害者の入院形態**について定められています。原則本人が同意して入院をする任意入院となりますが、一部強制入院の形態が存在します。2名以上の精神保健指定医の診断により、自傷他害（じしょうたがい）の可能性がある場合、措置入院が行われ、その手続きが踏めない場合、72時間を限度として緊急措置入院が行われます。

　また、精神保健指定医が入院の必要を認め、本人ではなく家族等の同意が得られた場合については、**医療保護入院**が適用され、家族等の同意が得られない場合については、72時間を限度として**応急入院**の形態が取られることとなります。

障害者の雇用を確保するための「障害者雇用率制度」

　障害者の雇用確保を目的とした**障害者雇用率制度**があります。2021（令和3）年4月より、国・地方公共団体では2.6%、都道府県等の教育委員会では2.5%、民間企業では2.3%の障害者を雇用することが義務づけられました。民間企業の場合は、従業員43.5人以上の企業に適用されます。

◎ 障害者差別解消法で定められた重要な考え方

重要なキーワード	説明
合理的配慮	負担のない範囲で配慮する
不当な差別的取り扱いを禁止	障害を理由とした差別の禁止

個人と対象にした罰則はありませんが、事業者に対する罰則が設けられています

◎ 精神保健福祉法で定められた入院形態

入院形態	条件・特徴
任意入院	本人の同意に基づく
措置入院	2名以上の精神保健指定医の診断が必要
緊急措置入院	1名の精神保健指定医の診断が必要 72時間を限度としての入院
医療保護入院	精神保健指定医の診断が必要 家族の同意を得ている
応急入院	精神保健指定医の診断が必要 家族の同意がない72時間を限度としての入院

📖✏️ ワンポイント

任意入院以外の入院形態も正しく覚えましょう

精神保健福祉法において、「入院は、あくまで任意入院であること」とされていますが、ほかの入院形態も法律上定められています。試験対策としては、それぞれの形態の内容を覚えることです。まぎらわしいですが、正しく覚えなければ正解できません。量は多くないので、しっかり覚えましょう。

16 成年後見制度
せいねんこうけん

成年後見制度の目的と概要、
後見人の選任方法について知っておこう

　認知症や知的障害、精神障害（以下、「認知症等」）があると、判断能力が不十分なため、自身の意思を正しく表現できなかったり、他者の甘い言葉に誘導されたり、自分に不利な選択を受け入れてしまう可能性があります。

　こうした**判断能力が不十分な人の権利を保護するために**、本人の代理人のような人を選任できる制度があります。それが**成年後見制度**で、2000（平成12）年からスタートしています。

成年後見制度には、法定後見制度と任意後見制度がある

　成年後見制度には、対象者が認知症等になってから手続きが始まる**法定後見制度**と、対象者が認知症等になる前から後見人と契約をしておき、もし認知症等になったらその契約が有効になる**任意後見制度**があります。

◆ 法定後見制度

　急に対象者が認知症等になり、判断能力が不十分になった場合には、**家庭裁判所**に申し立てをして、家庭裁判所の審判を受けます。申し立てができるのは、対象者本人、配偶者、4親等以内の親族、市町村長、検察官などです。

　家庭裁判所は対象者の判断能力に応じて、**後見人、保佐人、補助人**のいずれかを選任します。

◆ 任意後見制度

　あらかじめ**任意後見人**を選任し、内容などを含めて後見登記をします。対象者と任意後見人の契約は、公証人の作成する**公正証書**で行います。対象者が認知症等になった場合、その契約が有効となり、任意後見人が契約を遂行します。万一、任意後見人に不正があった場合、家庭裁判所は解任することも可能です。

◎ 成年後見制度の種類

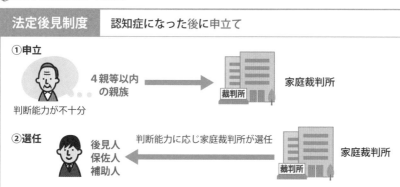

法定後見制度　認知症になった後に申立て

①申立

判断能力が不十分　4親等以内の親族　→　家庭裁判所　裁判所

②選任

後見人　保佐人　補助人　←　判断能力に応じ家庭裁判所が選任　家庭裁判所　裁判所

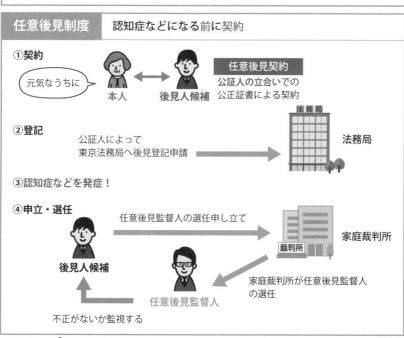

任意後見制度　認知症などになる前に契約

①契約

元気なうちに　本人　⟷　後見人候補

任意後見契約　公証人の立合いでの公正証書による契約

②登記

公証人によって東京法務局へ後見登記申請　→　法務局

③認知症などを発症！

④申立・選任

後見人候補　任意後見監督人の選任申し立て　→　家庭裁判所　裁判所

任意後見監督人　家庭裁判所が任意後見監督人の選任

不正がないか監視する

📖 ワンポイント

成年後見制度は実務でも重要度が増しています

成年後見制度には、法定後見制度と任意後見制度があります。まずは2種類が存在することを覚えてください。この先、「成年後見制度を利用したい」という高齢者が確実に増えます。介護福祉職から利用者へ情報提供する機会も増えるはずです。

17 高齢者虐待防止法

高齢者虐待防止法は、高齢者の虐待防止と保護だけでなく養護者の負担軽減も目的にしています

家族や施設職員による虐待が対象となる

「高齢者虐待の防止、高齢者の養護者に対する支援等に関する法律」（高齢者虐待防止法）は、養護者（家族など）と養介護施設従業者等（施設職員など）による虐待を**高齢者虐待**と定義しています。

この法律では、虐待を罰する規定だけではなく、養護者に対する相談や助言、指導などの措置についても定めています。

高齢者虐待防止法に定められている養護者は、基本的に家族や親族を指し、同居別居は問いません。また、養介護施設従事者等とは、ヘルパーステーションや特別養護老人ホーム、障害者支援施設で働く従業者（介護職員であるか否かは問わず）で、入所・通所は問いません。

同様に、障害者虐待防止法では、障害者に対する養護者や障害福祉施設従事者等、**使用者（障害者を雇用する事業者）**の虐待を障害者虐待と定義していますので、こちらも覚えておきましょう。

虐待の種類と虐待を発見した場合の通報について

虐待の種類には、**身体的虐待、心理的虐待、性的虐待、ネグレクト（介護放棄や育児放棄）、経済的虐待**があります（児童虐待防止法には、経済的虐待はありません）。

家族等の養護者による虐待を発見した者は、**生命または身体に重大な危険が生じている場合**、市町村に通報しなければなりません。

また、養介護施設従事者等による虐待を発見した従業員は、同一施設内および同法人運営の施設内で発見した場合、**いかなる虐待であっても必ず市町村に通報しなければなりません。**

◎ 虐待の種類

① 身体的虐待	身体に外傷が生じる、または生じる恐れのある暴行を加えること
② 心理的虐待	著しい暴言、または著しく拒絶的な対応など、著しい心理的外傷を与える言動を行うこと
③性的虐待	わいせつな行為をすること、またはさせること
④ネグレクト （介護放棄・育児放棄）	衰弱させるような著しい絶食、または長時間の放置、養護者以外の同居人による、身体的虐待、性的虐待、経済的虐待の放置など、養護を著しく怠ること
⑤経済的虐待 ※児童虐待にはない	養護者、または高齢者の親族が、その高齢者の財産を不当に処分するなど、その対象者から不当に財産上の利益を得ること

◎ 市町村への通報のルール（高齢者虐待防止法の場合）

【養護者による虐待を発見した場合】

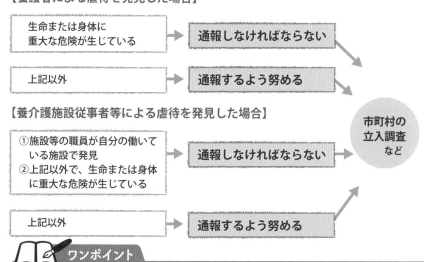

生命または身体に
重大な危険が生じている　➡　**通報しなければならない**

上記以外　➡　**通報するよう努める**

【養介護施設従事者等による虐待を発見した場合】

①施設等の職員が自分の働いて
いる施設で発見
②上記以外で、生命または身体
に重大な危険が生じている　➡　**通報しなければならない**

上記以外　➡　**通報するよう努める**

**市町村の
立入調査**
など

ワンポイント

高齢者虐待防止法は虐待者を罰する法律ではありません

近年の傾向として、高齢者虐待防止法は、毎年のように出題されています。虐待の種類や通報先、通報する際の注意事項も過去問をベースに覚えておきましょう。1つ覚えておいてほしいのは、虐待防止法は「虐待した者を罰する」法律ではないことです。このことは意外な盲点なので理解しておきましょう。

18 生活保護法の目的・種類・内容

生活保護制度の目的と保護の種類、
生活困窮者自立支援法について理解しましょう

　生活保護制度は、「日本国憲法」第25条の生存権（健康で文化的な最低限度の生活を営む権利）にもとづいて制度化されています。社会保障制度における最後のセーフティネット（76ページ参照）が生活保護制度です。

生活保護法には4つの原理と4つの原則がある

　生活保護法には、4つの原理と4つの原則が示されています。

　まず、4つの原理は、国の責任をもって行うとされる国家責任の原理、要件を満たす全ての者が対象となる無差別平等の原理、憲法第25条に定められている最低生活保障の原理、そして、いかなる資産や能力を活用しても最低限度の生活に至らない場合に保護する補足性の原理になります。

　そして、4つの原則は、申請に基づいて行われる申請保護の原則、最低限度の生活を超えない程度の保護となる基準および程度の原則、必要があればすぐに対応する必要即応の原則、そして個人ではなく世帯で行うとされる世帯単位の原則です。

　次に、8種類の生活保護の内容を簡単に確認しておきましょう。一般的な生活費を賄う生活扶助、義務教育に関係する費用を賄う教育扶助、住宅費（主に地代家賃）を賄う住宅扶助、医療費を賄う医療扶助、介護保険の保険給付に関する費用を賄う介護扶助、出産に関する費用を賄う出産扶助、就職やそれに関わる資格取得等にかかる費用を賄う生業扶助、死亡に関する費用を賄う葬祭扶助です。

　また、「就職先がない」「住居費に困っている」といった生活保護に至る前段階の生活困窮者も大勢いることから、2015（平成27）年4月に「生活困窮者自立支援法」が施行されています。これにより、生活困窮者に対して、自立相談支援事業などの自立促進を支援する事業が実施されています。

◎ 生活保護制度の原理と原則

4つの原理	4つの原則
国家責任	申請保護
無差別平等	基準および程度
最低生活保障	必要即応
補足性	世帯単位

◎ 生活保護の8つの扶助

種類	内容	給付方法
生活扶助	生活費（衣・食）、介護保険料	金銭
教育扶助	義務教育に関するもの	金銭
住宅扶助	生活費（住）＝地代・家賃	金銭
医療扶助	医療費全般	現物
介護扶助	介護保険の給付相当、介護保険施設での食費	現物
出産扶助	出産に関わる費用（医療以外）	金銭
生業扶助	仕事に関する資格取得など	金銭
葬祭扶助	死亡に関する費用	金銭

ワンポイント

生活保護の理解は生活保護法の4つの原理・原則を押さえる

生活保護法の原理・原則は、生活保護を理解するうえで頭に入れておくべき内容です。難しい言葉もありますが、内容を頭に入れましょう。また、8つの扶助についても問われることが多いので、表を参考にして確実に覚えましょう。

でる度 ★★☆

19 日本の社会保障制度の基本的な考え方

国民皆保険・国民皆年金の体制は
1961（昭和36）年に実現しました

　今では制度として存在するのが当然となっている健康保険制度ですが、日本で法律（健康保険法）が制定されたのは1922（大正11）年です。当時は工業労働者などだけが対象でしたが、1938（昭和13）年に国民健康保険法が制定され、農業者も対象となりました。そして、1961（昭和36）年には国民皆保険が実現しました。

　1941（昭和16）年に労働者年金保険法が制定されました。これも健康保険制度同様、工業労働者、しかも男性のみに限定されていましたが、1944（昭和19）年、厚生年金保険法と改称された際に、対象者が女性や事務職員などにも拡大されました。1959（昭和34）年に国民年金法が制定され、1961（昭和36）年に国民皆年金が実現しました。

　現在の雇用保険法の起源は、1947（昭和22）年の失業保険法です。現在の名称になったのは1974（昭和49）年です。また、労働者災害補償保険法は1947（昭和22）年に成立しています。

超高齢社会の到来で、さらなる社会保障制度の見直しも

　介護保険法は1997（平成9）年に成立し、2000（平成12）年に施行されました。

　高齢者の医療制度としては、後期高齢者医療制度が規定された高齢者の医療の確保に関する法律（高齢者医療確保法）が2008（平成20）年に成立しています。

　さらに日本の高齢化は進行しますから、今後も高齢者がかかわる制度は変化していくことが予想されます。試験においては最新情報が出題されやすい傾向にあります。法律や制度の改正があった場合には、注意してください。

第 **4** 章

生活支援技術／こころとからだのしくみ①

　ここは、各科目から現場レベルの内容を取り出してまとめた項目で、試験ではかなりのウェイトを占めています。介護福祉士として求められる知識が問われ、現場経験だけで解けてしまう問題もありますが、「根拠ある介護」が求められているため、正確な知識の学習が必要です。

01 自立に向けた 居住環境の整備①

高齢者や障害者が室内で安全に過ごせるような
環境整備のポイントを理解しましょう

家の中は安全な空間であってほしいですが、室内における高齢者の事故は多発しています。たとえば、入浴中の溺水や階段からの転落、段差でのつまずきなどが多いです。事故につながるリスクを取り除くため、室内で起こる可能性の高い健康被害から、その予防法について考えていきます。

室内で多い健康被害を知り、環境整備に努めよう

まず、熱中症です。暑い屋外で起こるイメージがありますが、高齢者の場合、エアコンを使用していない室内で熱中症になるケースが多いです。「1人でエアコンをつけるのがもったいない」と考えてしまう高齢者が多いのですが、熱中症の予防法は、**エアコンや扇風機などで室温を調節し、こまめな水分補給**をすることです。

ヒートショックは浴室や脱衣所でよく起こります。浴室と脱衣所、脱衣所と廊下の**温度差が大きいと血圧が大きく急変動し、脳卒中や心筋梗塞を引き起こす**ことがあります。温度差は5〜7℃以内に保つことが予防となります。

階段での転落事故も見られます。大腿骨頸部骨折で寝たきりになってしまうなど、状況によっては、その後の生活が一変してしまいます。階段には**足元灯**をつけ、夜間の移動に備えます。また、床は滑りにくいものにして、手すりを階段の両側に取り付けます。両側に取り付けるのが難しい場合は、**降りるときの利き手側**に取り付けます。

こうした家庭内の事故を防ぐために、**介護保険制度では、住宅改修費を支給**しています。手すりの設置や段差の解消など、簡易な工事に限られますが、1住宅あたり20万円が工事代金等の上限となり、うち1割（2万円）〜3割（6万円）の負担で行うことができます。また、身体障害者の住宅改造費助成も各市町村で行われています。

◎ 室内で起こりやすい健康被害とその対策

シックハウス症候群	症状	目がチカチカする、喉の痛み
	対策	こまめな換気や掃除
熱中症	症状	体温上昇、めまい、けいれん
	対策	適切な室温、こまめな水分補給
ヒートショック	症状	脳卒中、心筋梗塞
	対策	温度差を5～7℃以内に保つ
アレルギー	症状	咳、くしゃみ
	対策	掃除機でアレルギーの要因を吸引

◎ 室内環境の整備ポイント

浴室	・床はすべらない材質にする　・ヒートショックに注意する
トイレ	・ドアや引き戸は外開きにする
寝室	・足底が床につく高さにベッドを調節
居室	・トイレに近い場所が望ましい
台所	・炎が出ない電磁調理器を用いるのもよい
階段	・滑り止めを付ける、足元灯を設置する ・手すり（降りるときの利き手側）の設置
通路	・車椅子が通れる幅（最低85cm）の確保
床	・滑りにくい床材を用いる・コードやコンセントを這わさない

◎ 介護保険制度の対象となる住宅改修

① **手すりの取り付け**
② **段差の解消**
③ **床または通路面の材質の変更**…滑り防止や移動の円滑化（畳、砂利道、浴室など）
④ **引き戸等への扉の取替え**
⑤ **洋式便器等への便器の取替え**…向きや位置の変更も対象

支援限度基準額　1住宅あたり20万円

ワンポイント

介護保険制度でできる住宅改修は覚えましょう！

介護保険制度に関する出題は多いですが、対象となる住宅改修も暗記が必須です。住宅改修費が支給される工事は、おおまかに言うと「簡単なバリアフリー工事」であり、種類は上記の5つのみですから、種類も確実に覚えておきましょう。

02 自立に向けた 居住環境の整備②

バリアフリーとユニバーサルデザインの
意味の違いを理解しておきましょう

バリアフリーとユニバーサルデザインという2つの言葉については混同しがちなので、ここで正確な意味を知っておきましょう。

「バリアフリー」とは、バリア（障壁）を取り除くこと

バリア（barrier）は、障壁を意味します。それをフリー（free）にする（**障壁を取り除く**）ことがバリアフリーの意味となります。

そもそも、バリアフリーというのは建築用語であり、段差をなくし、車いす等を使う身体障害者でも生活しやすいような建築物を作っていこうという考え方からはじまりました。現在、日本では、「高齢者、障害者等の移動等の円滑化の促進に関する法律（バリアフリー新法）」が2006（平成18）年10月からスタートしています。バリアフリーの例としては、段差をスロープに変える、階段に手すりをつける、床を滑りにくいものにする、扉を開き戸から引き戸にする、などが挙げられます。

「ユニバーサルデザイン」とは、すべての人が使いやすい規格のこと

バリアフリーが高齢者や身体障害者などを対象としているのに対し、ユニバーサルデザイン（Universal Design）は、**すべての人（老若男女問わず）に使いやすい規格**を指します。たとえば、水が出る蛇口を回すものでなくセンサー式にする、スイッチを低い位置に設置するなどです。

また、元々はバリアフリーが目的でしたが、結果的にユニバーサルデザイン化したものもあります。それは、シャンプーとリンスを判別するための蓋と側面のギザギザです。これは視覚障害者が判別しやすいように考えられたものですが、シャンプーをしながらでも（目をつぶっていても）リンスが判別できるということで、このギザギザを活用している人は多いですよね。

バリアフリー

対象者	・障害者 ・高齢者
例	・階段、廊下、トイレ、浴室に手すりを設置する ・部屋の出入り口、玄関、廊下の段差をなくす ・床を滑りにくい素材にする ・扉を開き戸から引き戸にする ・出入り口、廊下の幅を広くする ・足元灯を設置する など

手すり　スロープ

ユニバーサルデザイン

対象者	・すべての人
例	・あらかじめ階段、廊下、トイレ、浴室に手すりを設置する ・はじめから段差のない住宅にする ・自動水栓、レバー式水栓を採用する ・スイッチを低い位置に設置する ・スイッチを押しやすい大きなものにする

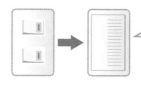

面積が大きくなると、指以外でも押せる！

📖✒️ ワンポイント

身の回りのユニバーサルデザインを探してみよう

バリアフリーは、高齢者や障害者などを対象にしたものですが、ユニバーサルデザインは、すべての人が対象です。私たちの身の回りにある製品も、よく見てみると、ユニバーサルデザイン仕様だったりします。よく観察してみてくださいね。

03 自立に向けた身じたくの介護①

身じたくの意義と目的、
その効果について学びましょう

　私たちは毎朝、起きたら顔を洗って、髪をとかし、化粧をしたり、ひげを剃ったり……という身じたくをしています。何気（なにげ）なく行っている行為ですが、それぞれに目的があります。

　顔を洗ったり、ひげを剃ったりすることは、清潔を保持することを目的とした行為です。そして、からだを保護する目的もあります。化粧水は乾燥防止、日焼け止めは皮膚を紫外線から守るためです。爪の手入れを怠れば、巻き爪やケガの原因にもなります。また、化粧によって精神的満足感を得ることもできます。

　このように、姿や形を整えることを整容（せいよう）といいます。

整容を介助するときのポイントは？

　身じたくは、利用者にとっても大切にすべき習慣です。衛生面だけでなく、生活のリズムをつくったり、他者との関わりを促進するなど、**生活意欲の向上**にもつながります。外に行かないから洗顔や化粧は不要、ひげも剃らなくていい、ではないのです。

　整容の介助にはポイントがありますので、いくつか挙げてみます。

　洗顔は、皮脂汚れなどを取り除き、清潔を保つことが目的です。汚れを除去することで、**血流を促す効果**もあります。洗顔できない場合は、蒸しタオルでふきますが、できるだけ利用者自身にふいてもらうようにします。

　ひげそりは、ひげの流れに逆らって剃り、電気カミソリは皮膚に対して直角に当てます。

　爪の手入れは、入浴後、爪が柔らかい状態のときに切ります。

　これらは一部を抜粋したものですが、こうしたポイントを理解したうえで、利用者に確認しながら安全に進めることが重要です。

◎ 身じたくの目的と方法

身じたくの目的	身じたくの方法
からだの保護	保湿クリーム、日焼け止めの使用 など
体温調節	衣服の着用 など
清潔保持	洗顔、ひげそり など
精神的な満足度	化粧 など

◎ 整容の介助のポイント

身じたくの種類	介助のポイント
洗顔	目→額→鼻→頬→耳の順に拭く
耳の手入れ	耳あかがたまる外耳道をていねいに拭く
整髪	ていねいにブラッシングし、髪の汚れを取る
ひげそり	ひげの流れに逆らい、刃を皮膚に対して直角に当ててそる
爪の手入れ	入浴後など、爪をやわらかくして、少しずつ切る
化粧	自己表現の手段でもあるので、適度に勧める
鼻の手入れ	鼻をかむときは、左右交互にかむ

◎ 顔の清拭、ひげそり

目を拭くときは、目頭から目尻に向かって拭きます。ひげは、ひげの流れに逆らってそります

→ 　顔を拭くときの方向

→ 　ひげそりの方向

📖 **ワンポイント**

整容の順番には意味がある！

洗顔やひげそりなどは、順番通りに行いましょう。毎日のことですから、ついおろそかになってしまうこともありますが、この順番は効果や効率の観点からすると、とても重要で意味があるものです。ぜひ、順番を意識して支援してみましょう。

04 自立に向けた 身じたくの介護②

口腔ケアは虫歯や口腔疾患の予防だけでなく、
感染症予防のためにも重要です

　口腔ケアとは何でしょうか。子どもの頃、「食べたら歯を磨きなさい！」
とよく言われましたよね。これは虫歯にならないように注意を受けていたわ
けですが、この「歯磨き」も口腔ケアです。ただ、歯磨きだけが口腔ケアな
のかと考えると、そうではなく、「口をゆすぐ」「歯間ブラシを使う」など、
口腔ケアにはさまざまなものがあります。

口腔ケアは、虫歯予防だけでなく、感染症予防にも必要

　介護における口腔ケアは、虫歯を予防するためだけに行うのではありませ
ん。もう少し幅広い考え方が必要で、**口腔内の細菌を除去するためにする
もの**と考えなければなりません。そうでなければ、「口から食べない人には、
口腔ケアは不要」ということになってしまいます。

　経管栄養をしている人（チューブやカテーテルなどを使って胃や腸に必要
な栄養を直接注入している人）は唾液が出にくいため、口腔内の細菌が増え
やすい傾向にあります。そのため、誤嚥性肺炎（118 ページ参照）などの感
染症を起こし、命にかかわることもあるのです。それを考えると、すべての
人に口腔ケアが必要だといえます。

義歯（入れ歯）の取り扱いは？

　高齢者では、義歯（入れ歯）を装着している利用者も多いです。義歯を装
着している場合は、外して口腔ケアを行います。外した義歯は、流水の下
でブラッシングしながら洗います。外した入れ歯は乾燥を防ぐため、**洗浄剤
などに浸して保管**します。

◎ 口腔ケアの目的

- ・口腔疾患を予防
- ・口腔内の細菌増殖を予防
- ・口臭を予防

- ・唾液の分泌を促進
- ・誤嚥性肺炎を予防
- ・食欲を増進　　など

◎ 口腔ケアのポイント

- ・清掃の方法

　　ブラッシング、フロッシング ……歯ブラシ、歯間磨き
　　リンシング ……ゆすぎ、うがい
- ・舌苔はすべて取り除く必要はない

無理に舌苔を取り除いてしまうと、舌を傷つけたり、口臭がひどくなることがありますので、気をつけてくださいね

◎ 義歯の取り扱い

- ・全部床義歯（総入れ歯）は上から入れて、下から外す
- ・水またはぬるま湯で清掃する
- ・流水の下でブラッシングを行う
- ・清潔な水や義歯洗浄剤に浸して保管する

ワンポイント

口腔ケアはよく出ます！

口腔ケアに関連した出題は多いです。「なぜ、口腔ケアをしなくてはいけないのか？」「どんな人が口腔ケアを必要とする人なのか？」「口腔ケアの方法は？」について必ず理解しておいてください。

自立に向けた移動の介護①

安全に介護をするために
ボディメカニクスの原理を理解しておきましょう

　介護職は、利用者のからだを移動したり、支えて歩いたりするなど、負荷のかかる動きを日常的にしています。自らの腰痛予防やケガを防止するためにも、**ボディメカニクス**について知らなければいけません。

　人間のからだには骨、筋肉、関節があるので、動く方向が決まっていて、動かせる範囲も決まっています。もし、それに反する動きをしようとすれば、痛みを感じたり、ケガをします。ボディメカニクスは、**人間の骨や筋肉、関節が相互にどのように作用するかといった力学的関係を活用する考え方**です。

　からだの動きを活かした介護をすると、介護者のからだの負担も減り、利用者も安全ですから、ぜひ覚えておきましょう。

ボディメカニクスの活用で介護がラクになる

　まず、介護者自らの姿勢を安定させます。**支持基底面積**（からだを支えるために床と接している面積）を広く取ること、重心を低くすること、利用者と介護者の身体を近くにすること（利用者に重心を近づけること）、利用者の身体をコンパクトにまとめることが重要です。

　また、使う筋肉も重要です。指先や腕の筋肉を使うと傷めてしまいやすいので、背筋や腹筋、**大腿筋**などの大きな筋肉を意識的に使い、からだ全体で利用者を抱えるようにします。利用者のからだを動かすときには、「押す」よりも「引く」ように、てこの原理を使って重心移動をするようにします。介護者の足の向きは、身体を動かす方向に向けます。

　移動に関連し、活動能力を示す指標に ADL（**日常生活動作**）と IADL（**手段的日常生活動作**）があります。ADL は立つ、座る、歩くなどの単純な動作で、IADL は ADL を組み合わせた複雑な動作（電話や掃除、料理など）です。ADL と IADL の向上は、高齢者の生きがいにもつながります。

◎ ボディメカニクスの原理

①支持基底面積を広くとり、重心を低くする
　（両足を左右、前後に広めに開き、膝を曲げて腰を落とすと体が安定する）

②利用者と介護者双方の重心を近づける（できるだけ密着する）

③大きな筋群を使う（腹筋、背筋、大腿筋など）

④利用者の体を小さくコンパクトにまとめる（腕を前で組み、足を曲げてもらう）

⑤「押す」よりも手前に「引く」

⑥介護者の重心移動によって、利用者を動かす

⑦足先と体を動かす方向に向ける
　（からだをねじらず、足の向きはからだを動かす方向へ向ける）

⑧てこの原理を応用する（支点、力点、作用点を使い、小さな力で重たいものを動かす）

利用者の体は、腕を組み足を曲げてコンパクトに！
介護者は、重心を低く密着し、てこの原理を応用して重心移動！

◎ 活動能力を示す指標

ADL（日常生活動作）

日常生活を営む上で不可欠な、移動（立つ、座る、歩く）、食事、排泄、整容、入浴などの基本的な行動

IADL（手段的日常生活動作）

IADLを基本にした日常生活上の複雑な動作。洗濯、買い物、乗り物の使用、薬の管理、電話応対などの複雑な動作や判断が必要な行動

📖✏ ワンポイント

介護の方法はボディメカニクスだけが出ます

介護の方法はたくさんありますが、試験では、このボディメカニクスの考え方しか出題されません。介護者や利用者の負担を減らす方法ですから、普段の支援でも意識して取り入れましょう。

06 自立に向けた移動の介護②

杖歩行を介助するときのポイントと
車いすの機能と操作について理解しておきましょう

　足腰が弱ってきたら、杖（歩行補助杖）を使うことになります。介護保険制度を利用して杖などの福祉用具をレンタルや購入することもできますが、一般的なＴ字杖は安価なため、対象外になっています。

　杖を選ぶ際は、握りの高さが大腿骨（腰周辺）の外側に突き出た部分（**大転子部**）にくるようにします。杖の長さが短すぎれば腰が曲がってしまい、長すぎると不安定になります。

　片麻痺（124ページ参照）のある利用者の歩行介助についても覚えておきましょう。利用者は、**杖→患側（障害のある足）→健側（障害のない足）**と進みます。これを３動作歩行といいます。介護者は、**利用者の患側に立ち**、やや後ろから支えます。この場合は必ず手を添えるというのではなく、利用者に確認しながら進んでいきます。**上り階段では、杖→健側→患側**となります。

車いすの介助では、専門用語を避けてコミュニケーションを

　車いすの各部の名称を知っておきましょう。ブレーキには、サイドブレーキとハンドブレーキがあり、前輪をキャスターといいます。ただし、利用者はその名称を覚えていない場合もありますので、「キャスターを上げますね」ではなく「前輪を上げますね」、「フットサポート」ではなく「足置き」などという言い方をしましょう。知識としては名称を知っておきたいですが、利用者とのコミュニケーションでは、**専門用語をあまり使わない**ほうがよいです。

　車いすを操作するときは、**利用者が望むスピード**で進みます。こまめに速さを確認しましょう。**急な坂道を進むときは、車いすを後ろ向きにする**など、安全・安心を最優先にします。**止まっているときは、常にサイドブレーキをかけ**、勝手に動くことのないようにします。

◎ 杖の種類

T字杖	ロフストランドクラッチ	多点杖	ウォーカーケイン

◎ 杖歩行を介助するときのポイント

- ・杖の長さは、床から利用者の大転子まで
- ・杖は、健側の手で持つ
- ・3動作歩行　　　　　：杖→患側の足→健側の足
- ・階段を上るとき　　　：杖→健側の足→患側の足
- ・階段を下りるとき　　：杖→患側の足→健側の足
- ・介護者は、利用者の患側に立ち、やや後ろから支える

◎ 車いすの各部の名称と介助のポイント

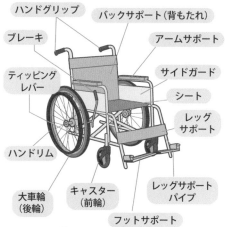

ハンドグリップ
バックサポート（背もたれ）
ブレーキ
アームサポート
ティッピングレバー
サイドガード
シート
レッグサポート
ハンドリム
大車輪（後輪）
キャスター（前輪）
レッグサポートパイプ
フットサポート

車いすの介助のポイント

- ・車いすは、利用者の健側に置く
- ・介護者は、利用者の患側に立つ
- ・声かけしながら介助する
- ・歩行速度より遅いスピードまたは利用者の望むスピードで押す
- ・段差を上がるときは、キャスターを上げたまま前進し、段差上段にゆっくりと下ろす
- ・スロープや急な下り坂は、後ろ向きで降りる

ワンポイント

移動介助は「タテマエ」で解答しましょう

杖歩行や車いす移動などは、普段、みなさんも支援していますね。その際、利用者ごとに杖や車いすの形状は異なるでしょう。ですが、試験に出題されるのは「タテマエ」です。いったん利用者のことを忘れ、基本に戻って覚えてくださいね。

07 自立に向けた食事の介護①

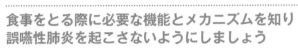

食事をとる際に必要な機能とメカニズムを知り
誤嚥性肺炎を起こさないようにしましょう

　人は、食事を通じて栄養素を摂取し、からだの健康を維持します。食事は健康のために欠かせない行為であると同時に、「楽しみ」という生活の質にかかわる行為でもあります。しかし、残念ながら、年をとるにつれ、食事がしづらくなる人が増えます。これは、食事をする際に必要な機能が低下することが原因です。ここで、そのメカニズムについて確認しておきましょう。

　まず、口に食べ物が入ると、歯で噛み砕きます。このあとの消化吸収をスムーズにするためで、すでに口腔内でも唾液によって消化ははじまっています。この状態を咀嚼といいます。

　続いて、唾液と混ざった食物を飲み込み、食道を通って胃まで運んでいきます。これを嚥下といいます。喉には2本の道（気道と食道）があり、食物を飲み込んだとき、気道に蓋をしてくれて、うまく食道へ運んでいくのを嚥下反射といい、これがうまくいかずに気道に入ってしまうことを誤嚥といいます。

　気道は空気の通り道ですから、空気以外のものが侵入してくると、追い出そうと咳が出ます。いわゆる「むせる」という状態で、専門的には咳反射といいます。これが、誤嚥された異物が気道から追い出されるしくみです。

誤嚥性肺炎はなぜ起こるか？

　高齢者は、食事にかかわる機能が低下します。まず、嚥下反射が低下して、食べ物を飲み込んだときに、気道につながる蓋が閉まりにくくなります。すると、誤嚥しやすくなってしまいます。そして、咳反射も低下します。気道に異物が入ってきたとしても、咳が出ないため、異物の侵入を許してしまうことになります。結果、異物が肺まで侵入し、そこで炎症を引き起こしてしまうのです。これが、誤嚥性肺炎が起こるしくみです。

◎ 咀嚼、嚥下で必ず覚えておきたい用語

咀嚼 （そしゃく）	口腔内に入った食物を消化吸収しやすくするために噛み砕くこと
嚥下 （えんげ）	咀嚼した食物などを飲み込むこと
誤嚥 （ごえん）	本来、食道に入るべき食物が間違って気道に入ってしまうこと
嚥下反射	食物等を飲み込んだ際、喉頭蓋（こうとうがい）が反応し、気道に蓋をすること
咳反射	誤嚥した際、気道に入った異物を咳で押し出そうとすること

◎ 食事の介助のポイント

> **食事中は立って介助しない**

- 利用者と同じ目線の高さにする
- 頭部が後ろに上がり、誤嚥の危険が高まる

> **食事の姿勢に注意する**

- いすに深く座る
- 両足を床につける
- やや前傾姿勢で顎を引いて座る

> **気道が前、食道が後ろ**

- 喉頭蓋がうまく閉まらないなどの理由で、食物が気管に入り、誤嚥（咳反射）が起こるので、入らない（誤嚥しない）ような姿勢にする

好ましい食事の姿勢

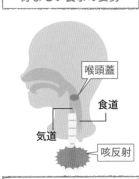

喉頭蓋

食道

気道

咳反射

咳反射のしくみ

📖✎ **ワンポイント**

食事の出題ポイントはズバリ「誤嚥」

食事の介助に関して出題されるのは「誤嚥しない方法」が多いです。
まずは、嚥下のメカニズムを知り、そして誤嚥しない姿勢と誤嚥しにくい食物（121ページ参照）について深めていきましょう。

自立に向けた食事の介護②

からだの機能低下による食生活への影響と病気に
応じた食事内容の注意点について理解しましょう

　前項で、嚥下反射や咳反射の機能が低下することで、誤嚥性肺炎が起こり
やすくなることをお話ししました。高齢者の場合、このほかにも機能低下が
見られるので、食生活にはさまざまな影響があります。

　たとえば、**咀嚼力が低下する**ため、硬いものが食べにくくなり、食事内容
に偏りが出てくることがあります。また、**味覚機能も低下する**ので、濃い味
つけを好み（塩分の過剰摂取）、血圧の上昇を引き起こすこともあります。

疾病やからだの状態に応じた食事の注意点

　腎不全患者の食事は、たんぱく質・カリウム・水分が制限されます。代わ
りに、高カロリー食を摂取してもらいます。

　糖尿病患者の食事は、カロリー制限が行われます。血糖値が急激に上がり
すぎないように GI 値（グリセミック・インデックス）が低い食品を選びます。

　また、若年者と同じ量を食べているのに低栄養になる人もいます。これは、
消化機能（主に胃）や吸収機能（主に小腸・大腸）の低下によるものが多い
ようです。この場合は、食事の回数や内容、量に注意しながら必要な栄養を
確保できるようにします。

　嚥下に困難がある場合、口からだけの摂取では必要な栄養分の確保が難し
いことがあります。この場合は**経管栄養法**（チューブなどで胃や腸に栄養分
を直接注入する方法）も検討しなければなりませんが、あくまでも補助的な
ものであり、経管栄養法を導入したからといって、口から食べられなくなる
わけではありません。

　毎日の生活において「食事が何よりの楽しみ」という人は少なくありませ
ん。いかに食事の時間を楽しいものにするか、いかに栄養分を確保するか、
さまざまな工夫が求められます。

◎ 誤嚥しやすい食品・誤嚥しにくい食品

誤嚥しやすい食品	誤嚥しにくい食品
・水分　　　・パサパサしたもの ・咀嚼しにくいもの ・口内にペタペタつく、付着するもの 例　水、お茶、味噌汁、パン、 　　こんにゃく、餅、海苔	・とろみのあるもの ・ゼリーなど滑りのよいもの ・柔らかいもの 例　ヨーグルト、卵豆腐、プリン、 　　とろみあんのかかった食物

◎ からだの機能低下による身体機能の変化と対策

原因	症状	対策
味覚機能の低下	塩分、糖分の過剰摂取	口腔ケアをしっかり行う
唾液分泌量の低下	細菌が増加	咀嚼回数を増やす
咀嚼力の低下	筋力が低下し固いものが食べにくくなる	調理方法を工夫する
口渇感の低下	脱水になりやすい	水分を多く含んだ食品を摂取する
消化機能の低下	食事量のわりに低栄養	唾液がよく出る食品を検討する
水分不足、ぜん動運動の機能低下	便秘	食物繊維、乳酸菌、水分を摂取する

◎ 疾病や状態に応じた注意点

疾病・状態	注意点
慢性腎不全	・高カロリー、低たんぱくに留意して摂取する
糖尿病	・カロリー制限を行う
低栄養	・血清アルブミン値3.5g/dl以下の状態が低栄養 ・1日3食、しっかり食べる

ワンポイント

老化による身体変化への対応を考えよう

老化に伴い、機能低下が起こります。機能低下したから「ダメ」ではなく、「どのように対応していくか」が問われます。たとえば、体内水分量が低下して脱水症状を起こしやすいのであれば、水分をこまめに摂るなどの対策で脱水を予防していくのです。

09 自立に向けた 入浴・清潔保持の介護①

入浴法の種類と介助のポイント、シャワー浴と
清拭の方法について知っておきましょう

入浴には、**全身浴**、**半身浴**、**部分浴**があります。

全身浴は、最も保温効果が高く、リラックス効果もあります。その反面、事故も多く発生しているため、入浴前や入浴中、入浴後に注意が必要です。

入浴前には、利用者の体調を確認し、水分補給や排泄を済ませておくようにします。

また、ヒートショック（106ページ参照）が起こりやすいため、室温に注意する必要があります。からだへの負担を考慮して、入浴時間は15分程度が目安です。そのうち、お湯に浸かっている時間は5分くらいです。全身浴は体力の消耗が激しいため、入浴後にも体調確認や水分補給を行って、しばらくは安静に過ごしてもらいます。

半身浴には、**心臓に負担がかかりにくい**というメリットがあります。

部分浴には、手浴と足浴があり、爽快感を得ることができます。

入浴できない場合には、シャワー浴か清拭で清潔を保持

シャワー浴はからだの負担が少ない反面、保温効果が長続きしません。よって湯冷めしやすくなります。シャワー浴で注意が必要なのは、お湯の温度です。おおよそ40℃前後を保ち、利用者に確認をしてもらってからお湯をかけます。片麻痺のある利用者の場合は、健側（障害のない側）で温度を確認してもらいましょう。

清拭には、全身清拭、部分清拭、陰部洗浄があります。清拭は疲労感が少なく、爽快感があります。**顔→上肢→体幹→下肢→臀部・陰部**の順で拭き、タオルの温度を保つため、準備するお湯はやや高めの55〜60℃を準備します。拭くときは、末梢から中枢に向かって拭きます。

◎ 清潔保持の方法

	体力消耗	保温効果	湯温	その他
入浴	あり	あり	40℃前後	リラックス効果あり
シャワー浴	少ない	一時的	40℃前後	爽快感あり
半身浴	心臓に負担がかかりにくい			
部分浴	手浴	血液循環の改善、拘縮の予防		
	足浴	安眠効果、循環促進効果あり。湯温37〜39℃		
清拭	末梢から中枢に向かって、タオル等で拭く。湯温は55〜60℃			
	全身清拭	全身を拭く。爽快感あり		
	部分清拭	背部や仙骨部位など汚れやすい部位を拭く。利用者の体力の消耗が少ない		
	陰部洗浄	陰部をお湯で洗う。尿路感染症の予防		

◎ 入浴介助の注意点

入浴前	入浴中	入浴後
・体調の確認 ・水分の摂取 ・排泄を済ませる ・湯温の確認 ・ヒートショックに注意	・やけど、転倒に気をつける ・湯に浸かる時間は5分程度 ・からだの末梢から中枢に向かって洗う	・速やかにからだを拭く ・水分の補給 ・体調の確認

入浴方法によって、からだに与える影響が異なることを覚えましょう！

入浴にはメリットとデメリットがあります

全身浴が必ずしもよいわけではないことが上の表を見るとわかりますね。利用者の状態を正しくアセスメントし、正しい入浴方法で支援する必要があります。

10 自立に向けた 入浴・清潔保持の介護②

利用者の病状や状態に応じて
入浴法や介助で注意すべき点が異なります

　利用者の病状や状態によって、適した入浴法や入浴時の介助で注意するポイントが異なりますので見ていきましょう。

◆ 片麻痺のある利用者

　お湯の温度を確認できるのは健側（障害のない側）です。入浴やシャワー浴のときには、まず初めに健側で温度を確認してもらいます。

　安全のため、浴槽には健側から入ってもらいます。出るときも健側からです。「健側から入り、健側から出る」が原則です。

　介助をするときには利用者の患側から行います。また、自立支援の観点から、バスボード（浴槽のふちに渡す板で、いったん腰かけてから浴槽に入るための移乗台）などの福祉用具を利用することもあります。

◆ 高血圧や心疾患の利用者

　心臓に負担がかからないように、基本的には半身浴を行います（心臓より低い高さの水位）。

　ヒートショックが起こりやすいので、室内の温度には細心の注意を払います。また、湯温も熱くしすぎず、40℃前後にします。ペースメーカーを装着している利用者であっても入浴は可能です。

◆ 血液透析の利用者

　血液透析を受けている利用者は、針を刺した部位からの感染予防のため、**透析直後の入浴は控えます。**

◆ ストーマのある利用者

　人工肛門などのストーマを装着している利用者も入浴は可能です。ストーマの外に装着しているパウチを外しても、腹腔内圧により湯が体内に侵入することはありません。

◎ 病状や状態にあわせた入浴介助の注意点

片麻痺のある利用者

- 健側から、湯温を確認しながら入る（患側では湯温を確認できないため）
- 介護者は、患側から支える
- 浴槽への出入りは原則として健側から。ただし、出るときは患側からの場合もある（介助者が介助できるため）

高血圧や心疾患のある利用者

- 急激な血圧の変動に注意
- 浴室と更衣室を温め、温度差がないようにする
- 高温の湯は血圧上昇がみられるので避ける
- 心臓より下の水位にして、半身浴にする

入浴は利用者の疾患を考えて行う支援でもあります

血液透析の利用者

- 血液透析を行った当日は入浴しないほうがよい

人工肛門（ストーマ）のある利用者

- 入浴は可能
- ストーマの部分は、石けんを泡立てぬるま湯で洗い流す
- 回腸ストーマの場合は、便の出やすい食後1時間以内の入浴は避ける

老人性皮膚搔痒症の利用者

- 皮膚に刺激を与えるようなタオルなどは避ける
- 皮膚をこすらないように洗う
- 湯温はぬるめ（37〜39℃）

埋没式ペースメーカーの利用者

- 通常の入浴は可能。ただし、電気風呂は除く
- 長湯と高温は避ける

📖✍ ワンポイント

「根拠ある介護」で入浴を支援しよう

入浴はからだを清潔にし、リラックス効果もある反面、心臓に負担になります。そのため、高血圧や心疾患のある利用者は、半身浴のほうが適しています。このように「○○だから××になる」という考え方が「根拠ある介護」に取り組むうえで重要です。

11 自立に向けた排泄の介護①

排泄の意義と目的を理解して
利用者の尊厳に配慮した排泄介助をしましょう

　私たちは食事をすることで必要な水分や栄養分を体内に取り込みますが、それと同時に、体内の不要なものを排泄しなければなりません。排泄は体内を正常に保つための重要な役割を担っているのです。

　一方、排泄行為はプライベートなもので、排泄は**羞恥心**を伴います。介護者は、このことを理解して、利用者へ最大限の配慮をしましょう。

排泄介助の原則と種類、おむつの介助での注意点

　排泄介助の方法は、さまざまなものがありますが、まず、**排泄はトイレで行うことが原則**です。尿意・便意がある限り、できるだけトイレで排泄ができるように支援します。トイレまで行けないような場合は、ポータブルトイレや差し込み便器などの利用を検討しましょう。

　高齢者はおむつの介助も多いですが、尿意・便意がなくなったからといって、安易におむつに移行してはなりません。利用者の自立と自尊心に配慮した排泄介助が求められます。

　おむつには、**布おむつ**と**紙おむつ**があります。布おむつは経済的に負担が少ないというメリットがありますが、洗ったり干したりが大変で、かさばるデメリットもあります。紙おむつは使い捨てできることがメリットですが、経済的負担が大きいことがデメリットです。

　おむつを交換する際は、布おむつの場合、おむつカバーからはみ出ないように注意します。女性は後ろ側を厚くし、男性は前側を厚くします。紙おむつの場合は、締め付けないように着用し、お腹とおむつの間に指2本分くらいの余裕を持たせるようにします。衛生面においては、介護者は必ず**使い捨て手袋**を使用し、汚れたおむつを処分するときは、**汚れた側を内側に丸めて**ビニール袋に入れて処分します。

◎ 排泄の介助の留意点

- ・利用者の尊厳を保持する
- ・プライバシーを保護する
- ・自尊心に配慮する
- ・利用者の状況に合わせる
- ・安心して気持ちよく行えるように、環境を整える
- ・安易におむつへの移行はしないようにする

できるだけトイレで排泄ができるように支援していきます！

◎ 排泄方法の種類

①トイレ	尿意・便意がある限り、できるだけトイレで行うように支援
②ポータブルトイレ	トイレへの移動が困難な利用者に対して使用を検討
③尿器・差し込み便器	自動排泄処理装置を使う場合もある
④おむつ	布おむつと紙おむつがある

◆布おむつと紙おむつの比較

	長所	短所	注意点
布おむつ	・経済的な負担が少ない ・ゴミが出ない ・吸汗性にすぐれる	・洗濯などの準備が大変 ・かさばる ・濡れたときに不快感がある	・おむつカバーから、はみ出さないようにする ・女性は後ろ側を厚くする ・男性は前側を厚めにする
紙おむつ	・吸水性にすぐれる ・衛生的である ・種類が豊富である	・経済的負担が大きい ・ゴミが出る	・締めつけないよう指2本分程度、余裕を持たせる ・汚れたおむつは、汚れを内側に丸めて処分する

ワンポイント

使われない「布おむつ」も特徴は押さえよう

紙おむつの性能が向上し、布おむつの需要は激減しているように感じますが、試験では「紙おむつと布おむつの違い」について出題される可能性はあります。ですから、現場で使われていなくても、使うときのポイントや特徴を覚えておく必要があります。

12 自立に向けた排泄の介護②

高齢者に多い便秘症状を改善するには、食品の摂取や排便姿勢を工夫するなどの方法があります

　高齢者は、身体機能の低下に伴い、**便秘の症状**がみられる人が多くなります。その主な要因としては、水分摂取量や吸収量の低下、胃腸機能の低下、運動量の低下、疾患や薬の影響、心理的影響などがあるといわれています。

　便秘の高齢者への対応としては、**食物繊維を多く含んだ食品や乳製品**を摂取させることで排便を促すことも可能ですし、**排便の習慣化**を意識させることも大切です。また、**腹圧をかけやすい姿勢**（座位でやや前傾姿勢）で排便するように促すことも効果があります。

　逆に、高齢者の下痢はどうかというと、慢性的な下痢というのは少ないようです。しかし、下痢は感染症などによって引き起こされることが多いので、体内の水分量の減少による脱水などに注意する必要があるので気をつけなくてはいけません。脱水によって体力を消耗し、重篤な状態に陥る可能性もあります。「下痢のときは水分をとらない」のではなく、常温の水分を積極的にとる必要があります。状況によっては、点滴をして脱水を改善させる処置も必要になります。

排尿のコントロールができなくなり、尿失禁も多くなる

　からだの機能が低下することで、**尿失禁**がみられる高齢者も多いです。尿失禁の主なものとしては、膀胱に貯められる尿量が減少することによって我慢できずに失禁してしまう「**切迫性尿失禁**」、適切な排尿行為ができない「**機能性尿失禁**」、前立腺肥大症の男性に多い「**溢流性尿失禁**」、お腹に力が入った際に少し漏れる「**腹圧性尿失禁**」などがあります。

　尿失禁は利用者にとってショックが大きいものです。排泄のサインを見逃さず、早めのトイレへの誘導などの支援を心がけましょう。

◎ 便秘の原因と対応

原因	対応
・排便環境の変化 ・心理的影響 ・疾患や薬の影響 ・活動低下 ・食事や水分摂取が適切でない	・食物繊維や乳酸菌を多く含んだ食品を摂取する ・水分摂取量を保持する ・排便反射による便意を逃さない ・腹圧をかける ・腹部全体を温める ・便秘解消マッサージ

◎ 下痢の原因と対応

原因	対応
・腸管の感染症 ・消化不良 ・薬剤や下剤の使用 ・心理的影響	・脱水予防のため、水分を補給する ・下腹部を温める ・排泄物は感染源として扱う ・下痢が続く場合は、医療職に連絡する

◎ 尿失禁の種類

尿失禁の種類	理由・キーワード
切迫性尿失禁	我慢できない、間に合わない
機能性尿失禁	手足の麻痺（歩行困難などで間に合わない）、 認知症など（トイレの場所がわからない）
溢流性尿失禁	前立腺肥大症（膀胱内に多量の尿がたまり、溢れてくる） など
腹圧性尿失禁	せきやくしゃみなどでお腹に力が入り、少量漏れる。 女性に多い

✎ ワンポイント

尿失禁の4パターンは必須！

尿失禁のパターンを4つ挙げていますが、これらは事例問題も含めて出題されることが多いです。また、便秘と下痢（特に便秘）の症状がみられる高齢者は多いですから、その原因と対応を覚えておきましょう。

13 自立に向けた家事の介護①

現代家庭の食生活の変化と
からだに必要な五大栄養素を確認しておきましょう

市販・個別・１人の食事スタイルが増加している

「食事はみんなで食べると美味しい」とよくいわれます。ホームドラマやアニメなどでも、家族全員で食卓を囲んだ場面はほんわかとしていることが多いですよね。しかし、それはもうドラマやアニメの中だけの世界なのかもしれません。

現代の食生活は、中食・個食・孤食というスタイルが増加しています。

中食とは、お弁当や惣菜を購入して自宅で食べることです。

個食とは、家族全員が食卓を囲んでいるのですが、それぞれ別なものを食べている状況です。

孤食とは、文字通り１人で食事をしている状況です。

食事でとらなくてはいけない五大栄養素

このように家庭における食生活の環境も変化していますが、実は、栄養不足も増えてきているようです。私たちが体内で必要としている五大栄養素を確認しておきましょう。

①炭水化物　糖質と食物繊維に分類され、糖質は私たちがからだを動かすエネルギーになります。

②脂質　からだのバランスを整えるために必要なホルモンの原料です。

③たんぱく質　筋肉や臓器などのからだをつくるものです。たんぱく質のうち体内でつくられない必須アミノ酸は、食品から摂取する必要があります。

④無機質（ミネラル）　たんぱく質とともに、骨などのからだをつくるものです。

⑤ビタミン　からだの機能を調整する働きをするものです。

◎ 食生活の変化

中食	市販の弁当、惣菜を買ってきて、家で食べる
個食	家族で食事をするが、それぞれ別の料理を食べる
孤食	1人で食事をする

中食

個食

孤食

◎ 五大栄養素

①炭水化物	糖質はエネルギー源で、食物繊維は血中コレステロールや血糖の上昇を抑制するはたらきがある
②脂質	ホルモンの原料となる。過剰摂取に注意する
③たんぱく質	必須アミノ酸は、からだをつくるもの（血液など）で、体内でつくられないため、必ず食事から摂取する
④無機質	ミネラルのことで、エネルギー源にはならないが、骨や歯など、たんぱく質とともに人体をつくるもの。主な無機質は、カルシウム、鉄、亜鉛、カリウム、ナトリウム、マグネシウムなど
⑤ビタミン	脂溶性ビタミンと水溶性ビタミンがあり、微量で重要な生理機能を果たす。毎日摂取が必要

ワンポイント

衣食住に関する問題はあまり出ません

衣食住に関する過去問では、これまで「衣服についたバターのしみを取る方法」や「洗濯表示の記号の意味」などが出題されています。ですが、これらの問題は「捨て問題」にしても合格可能です。出るかどうかわからない問題に時間をかけずに、頻出テーマの対策を優先してください。

14 自立に向けた家事の介護②

高齢者の家計状況と高齢者がターゲットになりやすい詐欺や悪質商法を知っておきましょう

　高齢者の多くは年金生活をしています。かつては、「年金暮らし」と聞けば、悠々自適に暮らしているイメージを思い浮かべたものです。しかし、実際のところは、余裕をもって生活できないのが現実のようです。

　現在、高齢者の多くの家計は「消費支出が可処分所得を上回っている」といわれています。可処分所得というのは、税金や保険料を引いた自由に使える手取り収入のことです。その額を出費が上回っているということは、毎月赤字になっていることを意味します。

高齢者が被害者となりやすい詐欺と悪質商法に注意する

◆ 高齢者が狙われる「○○詐欺」

　認知症などを患い、自分の金銭管理をするのも難しいという高齢者は少なくありません。その場合は、**日常生活自立支援事業や成年後見制度**などの判断能力をカバーする制度を利用することも考えましょう。

　最近では、さまざまな「○○詐欺」が存在し、その被害者として多くの高齢者が犠牲（ぎせい）になっています。法律で守られる部分もありますが、完全に守られるわけではありません。自らを守ることと、周囲にいる人たちの注意も必要です。

◆ クーリング・オフ制度

　特定商取引法には、**クーリング・オフ制度**というシステムがあります。一定の契約行為には「冷静になる期間」が必要で、その期間内であれば無条件に契約を無効にできるものです。たとえば訪問販売や電話勧誘販売、エステや塾などの特定継続的役務提供（えきむ）については8日間、連鎖販売取引（れんさ）（マルチ商法）や内職商法（ないしょく）などは20日間がその期間です。高齢者は強引な販売手法の被害者になりやすいですから、注意しましょう。

◎ 高齢者の家計状況

・消費支出が可処分所得を上回っている
・収入は、社会保障給付（公的年金など）が多くを占めている

可処分所得とは？

実収入から税金や保険料などの支出を差し引いた手取り収入
自分の意思で自由に使える金額

◎ 高齢者を被害者にしないためのしくみ

高齢者

金銭管理が困難！

**さまざまな詐欺
悪質商法**

高齢者を狙っている

判断能力をサポート

・成年後見制度
・日常生活自立支援事業

高齢者の判断能力について
てカバーする制度です！

◎ クーリング・オフ制度

契約後一定の期間であれば、無条件で解約できる制度

取引内容	法定書面受領日からの期間
訪問販売 電話勧誘販売 特定継続的役務提供 訪問購入	8日間
連鎖販売取引（マルチ商法） 業務提供誘引販売取引	20日間

ワンポイント

消費者トラブルのサポート体制を押さえよう

「振り込め詐欺」などの特殊詐欺は、高齢者がターゲットになりやすいです。認知機能や理解力の低下によって被害に遭いやすいので、サポート体制も必要です。成年後見制度や消費者保護の法制度は、試験に出題される範囲でよいので理解しておきましょう。

15 休息・睡眠の介護①

夜間の睡眠の重要性を知り、
利用者の安眠を促す環境づくりに役立てます

　私たちは、約24時間周期で、起きて、活動して、眠るという営みを繰り返しています。

　朝、目を覚まし、夜、眠くなるのは、メラトニンというホルモンの働きによるものです。人は、メラトニンが分泌されると眠くなります。

　このメラトニンは**光の刺激を受けると、分泌が抑制**されます。そのため、昼間は分泌が抑制され、**夜になって光の刺激が弱くなると分泌が促進**されます。「寝る前にパソコンやスマートフォンを見すぎると安眠できない」とよく言われますが、これは、光の刺激でメラトニンの分泌を抑制してしまうからです。

睡眠の質は、時間の長さよりも眠りの深さが重要

　人は何時間眠るのがよいのでしょうか？
「人生の3分の1が睡眠である」という言葉の通りであれば、1日24時間のうちの3分の1ですから、必要な睡眠時間は8時間ということになります。

　しかし、必要な睡眠時間には個人差があります。また、ぐっすり眠れる睡眠時間は年齢を経るにしたがって短くなり、70代では6時間以下といわれています。

　睡眠のリズムには、**レム睡眠とノンレム睡眠**があります。

　レム睡眠は眠りが浅く、からだを休ませている状態です。ノンレム睡眠は深い眠りで、脳を休ませている状態です。夢を見るのは、浅い眠りのレム睡眠のときが多いようです。私たちが寝ている間、一晩のうちに、この2つの睡眠が90～110分ずつ交互に出現しているのです。

　睡眠の質は、睡眠時間の長さよりも眠りの深さが関係しています。ですから、ぐっすりと寝られる環境づくりも大切です。

◎ メラトニンの分泌

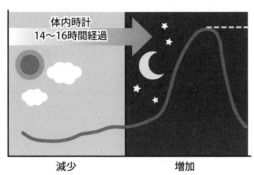

メラトニンが分泌される
・体温、脈拍、血圧の降下
・眠気を誘引

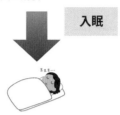

入眠

◎ 睡眠リズム

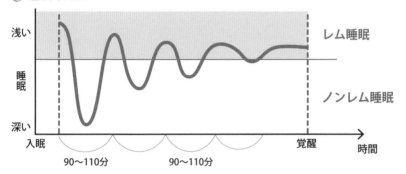

レム睡眠	ノンレム睡眠
・からだは休息状態 ・脳は覚醒に近い ・脳内を整理 ・眼球は激しく動く ・夢を見る	・からだの抗重力筋は緊張 ・脳は休息 ・脈拍、呼吸、血圧は安定

📖✒ ワンポイント

睡眠リズム&老化に伴う睡眠の変化を覚えよう

レム睡眠とノンレム睡眠の周期など、睡眠に関する知識は必須です。
「老化に伴って睡眠がどう変化するのか」「高齢者に多い睡眠障害は
何か（次ページ参照）」といった内容もポイントです。

16 休息・睡眠の介護②

睡眠障害の種類と原因を理解し、
原因を取り除く方法を考えてみましょう

睡眠障害はさまざまな原因で起こる

「思うように眠れない」というのは大きなストレスです。

睡眠障害には、なかなか眠れない**入眠困難**、ぐっすりと眠った感じが得られない**熟眠困難**、夜中に何度も目が覚めてしまう**中途覚醒**、そして、朝早く目が覚めてしまう**早朝覚醒**などがあります。どれか1つでもあると、睡眠障害となります。

睡眠障害を引き起こす原因にはさまざまなものがあります。

たとえば、体が痛かったり、痒かったりする身体的要因、入院や入所により環境が変わることにより起こる物理的要因、ストレスなどによって起こる心理的要因（精神疾患によっても起こる）があります。あるいは、寝る前にコーヒーなどを飲み、その中に含まれるカフェインを摂取したことで起こる薬理学的要因もあります。

睡眠障害を改善するための方法は？

睡眠障害を改善しようとするときには、まず、なぜ睡眠障害が起こっているかを考えなければなりません。

たとえば、夜中、家族のだれかがトイレに行くときに歩く音が気になって目覚めてしまうのであれば、寝る部屋を変更することで改善できるかもしれません。

そのほか、寝る前に熱いお風呂に入らない、カフェインの入った飲み物を飲まないなども、意識すれば簡単にできることです。

お風呂に関しては、副交感神経を優位にすること（リラックスすること）を目的に、ぬるめのお風呂に入るのが有効です。

◎ 睡眠障害の種類

入眠困難	布団に入ってもなかなか寝つけない
熟眠困難	眠りが浅く、すっきり目覚めることができない
中途覚醒	途中で目が覚めてしまう
早朝覚醒	朝早くに目が覚めてしまう

◎ 睡眠障害の原因

要因	原因	対応策
身体的要因	加齢、痛み、かゆみ、咳	痛みやかゆみ、咳などの原因を取り除く処置を行う
心理的要因	ストレス、緊張、不安	ぬるめの風呂に入る、足浴するなどリラックスできるようにする
物理的要因	音、光、引越しなど	安心できる環境調整をする
薬理学的要因	薬の副作用	医師や薬剤師と相談し、薬剤の内容や服用時間の変更など考慮する

◎ 高齢者の睡眠障害を改善する介助のポイント

高齢者の睡眠の特徴	介助のポイント
・深く眠れていない ・深く眠る体力もない	・睡眠障害の要因を取り除く ・生活リズムを整える ・日中に適度な運動をする ・寝る前のアルコールやカフェインの入った飲み物は避ける ・副交感神経を優位にする（リラックスする）

ワンポイント

睡眠障害の原因を探りましょう

高齢者になると、良質な睡眠がとりにくくなります。原因は多岐にわたりますが、現場ではそれ以外の対応に追われ、睡眠障害の原因除去が後回しにされてしまう傾向があります。睡眠導入剤も1つの方法ですが、ほかにできることがないかを探ることも重要です。

17 人生の最終段階における介護①

終末期の４つの苦痛を理解して、
その援助の方法を知っておきましょう

　終末期の介護（ターミナルケア）というのは、いわゆる「余命○カ月」という死が迫っている状態の介護です。

　終末期には、４つの苦痛があるといわれています。からだの痛みを指す**身体的苦痛**をはじめ、不安やイライラした感情を持つ**精神的苦痛**、仕事や家族に問題、相続の問題などがある**社会的苦痛**、そして死に対する恐怖である**霊的苦痛**です。介護者は、これら４つの苦痛への援助を行います。

　身体的苦痛には、体位変換やマッサージなどを行って、痛みの軽減に努めます。また、医学的には鎮痛剤（ちんつうざい）などの薬剤を使用することもあります。

　利用者の不安の軽減のためには、積極的な声かけも効果があります。臨終が近づいていても、聴力は保たれているといわれているので、最期まで声かけをします。

　社会的苦痛へは、家族の協力が必要になります。家族が常にそばにいることで利用者は安心されるでしょう。精神的苦痛・霊的苦痛の軽減には、コミュニケーション技術で学んだ「受容・傾聴・共感」です。手を握るなどのスキンシップも安心感を与える有効な手段といえます。

エンゼルケア（死後のケア）とグリーフケア（遺族ケア）

　エンゼルケアは、死後のケアのことです。亡くなった人の見た目をきれいに整える死後処置や死化粧（しにげしょう）をします。昔は医療職のみで行われるものでしたが、今は家族と一緒に行うことも増えてきました。

　死後の遺族に対する心理的ケアをグリーフケア（遺族ケア）呼んでいます。終末ケアでは、治療方針の選択などで家族も悩み苦しむことも少なくありません。家族もケアの対象として、できるだけ話を聴くなどの支援を行います。

◎ 終末期の苦痛

苦痛の種類	例	対応策
身体的苦痛	からだの痛み	・体位交換やマッサージを行う ・聴力は最期まで残存するので声かけを行う
精神的苦痛	不安、いらだち、孤独感	・共感的な姿勢でコミュニケーションをとる ・手を握るなどスキンシップをはかる ・声かけをする ・家族がそばにいられるようにする
社会的苦痛	仕事、家族、相続などの問題	
霊的苦痛	死への恐怖	

◎ エンゼルケアとグリーフケア

エンゼルケア	グリーフケア
・死後のケア（亡くなった人に行う） ・遺体に行うケア全般を指す ・医療職や家族などが行う	・遺族に対する精神的ケア ・医療職や介護福祉職、宗教家など、さまざまな人が支援する

エンゼルケアとグリーフケアを間違える人が多いので、注意してください！

終末期の「3ケア」は出ます

ターミナルケア、エンゼルケア、グリーフケアが試験に出ます。まずは、それぞれの内容を理解しましょう。それから、介護福祉職が携わる機会の多いターミナルケアについては、過去問を活用して学びましょう。利用者の状態や苦痛に関連した内容が重要です。

18 人生の最終段階における介護②

キューブラー・ロスの理論にある
「死」の受容についてのプロセスを理解しましょう

　自分の死は誰でも怖いものです。もし、死を宣告されたら、どのような反応を示すのでしょうか。アメリカの看護師キューブラー・ロスは、死期を迎えた人が自分の死を受容するまでの過程を5つのプロセスにまとめました。

◆ 第1段階　否認

　死の事実を否定する段階。「私が死ぬわけない」「信じられない」とショックを受ける。

◆ 第2段階　怒り

　死を否定しても事実が変わらないことを自覚した段階。「なぜ私が」と周囲に怒りや反発を表す。

◆ 第3段階　取引

　奇跡を願い、神に祈願する段階。「願いをかなえてくれたらなんでもする」と神と取引しようとする。

◆ 第4段階　抑うつ

　悲嘆や絶望など、気持ちが滅入る段階。「もうだめだ」と落ちこむ。

◆ 第5段階　受容

　死を受容し、心に平安が訪れる段階。現実を静かに受け入れられるようになる。

　この5段階の過程は、必ずしも順番に進んでいくものではありません。また、いったん受容しても、また前の段階に戻ることもあります。

　死の受容には個人差がありますので、「いま現在、どのような状況なのだろうか」と参考にするのはよいのですが、決めつける材料にはしないようにしましょう。

第 5 章

発達と老化の理解／こころとからだのしくみ②

心理・医学的知識が問われる分野です。「発達と老化の理解」は難しく感じるかもしれません。特に医学的知識は、「浅く広く」学ぶことが重要です。試験では、高齢者によく見られる疾患や症状が頻出なので、それらを覚えておくだけでも得点が可能です。深みにはまらないようにしましょう。

01 人間の成長と発達の基礎的理解

発達（質的な変化）と成長（量的な変化）の違いを知り、発達理論と発達段階説について理解しましょう

「発達曲線」という言葉を聞いたことがあるでしょうか。生まれてから一定期間右肩上がりの曲線を描き、ピークを迎えると右肩下がりになる曲線です。

　発達曲線は、右肩下がりの部分も含めて、すべてが発達を意味しています。私たちは「成長＝発達」と捉えてしまいがちですが、正しくは、**成長は発達の一部分**であるといえます。発達とは、受胎してから死ぬまでの期間での質的変化を指します。また、それに対して成長とは量的変化を指します。ちなみに、右肩下がりの部分はいわゆる老化ですね。

発達を方向づけるもの〜「生得説」「経験説」「相互作用説」とは？

　人間がどのように発達するのか、それを左右するのは「遺伝的な要因である（生得説：ゲゼルが提唱）」という考え方と「環境的な要因である（経験説：ワトソンが提唱）」という考え方があります。かつては、この両極端な２つの理論が主流でしたが、現在は、「双方が互いに関係している（相互作用説：ジェンセンが提唱）」という考え方が広く受け入れられています。

エリクソン、ピアジェ、フロイトの発達段階説の特徴は？

　人間の発達について、年齢区分で段階的に表したものが発達段階説です。これまで多くの学者が発達段階説を唱えてきました。有名なものをいくつか見ておきましょう。

　生涯発達において、各時期に習得すべき課題があり、その達成に発達が左右されるとするエリクソンの論、思考・認知の発達が子どもと環境の相互作用によっておこるというピアジェの論、そしてリビドー（性的欲求）の現れ方とその充足の程度によって青年期までの発達段階があるというフロイトの論などがあります。

◎ 発達曲線

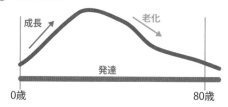

成長＝発達ではない

成長も老化も、発達の一部

0歳　　　　　80歳

◎ 発達に影響する要因（遺伝と環境）

理論	人間の発達を左右するもの	提唱した人
生得説	遺伝	ゲゼル
経験説	経験	ワトソン
相互作用説	遺伝と経験の相互作用	ジェンセン
輻輳説（ふくそう）	遺伝と経験がそれぞれに独立	シュテルン

◎ 発達段階説

・エリクソン

8つの発達課題 → クリア → 経験を獲得 → 重要な出来事 → 対応の仕方 → 今後が変わる

年齢区分	心理的課題と危機		段階
乳幼児期 0〜1歳頃	信頼	不信	泣いたときの対応を試す段階
幼児期前期 1〜3歳頃	自律性	恥・疑惑	自分の心身をコントロールする学習段階
幼児期後期 3〜6歳頃	積極性	罪悪感	主体性の感覚を学習する段階
児童期 6〜12歳頃	勤勉性	劣等感	有能感を獲得する段階
青年期 12〜20歳頃	同一性	同一性拡散	アイデンティティを確立する段階
成年期初期 20〜30歳頃	親密性	孤独	親密な人間関係を築き、連帯感を得る段階
成年期中期 30〜65歳頃	生殖性	停滞	次の世代を育てていく段階
成年期後期 65歳頃〜	自我統合	絶望	自分の人生を肯定し、新たな方向性を見いだす段階

・ピアジェ　思考・認知の発達は子どもと環境の相互作用によって行われる

・フロイト　リビドー（性的欲求）の現れ方と充足の程度によって、乳幼児期から
　　　　　青年期の発達段階を論じる

📖 ワンポイント

発達段階説は考え方をつかめば OK

発達段階説は多くの学者によって提唱されています。これらの説は
「どれが正しいのか」を判断するのではなく、「こういう考え方がある」
というレベルで理解しておけばよいです。

02 老年期の基礎的理解

高齢者の定義と
高齢者に現れる特徴的な現象を学びます

　何歳になると、高齢者なのでしょうか。介護保険法や老人福祉法などの多くの法律・制度では 65 歳以上とされていますし、WHO（世界保健機関）でも 65 歳以上と定義されています。

　しかし、これで 65 歳以上を高齢者と決めつけてはいけません。ほかの法律では、60 歳や 70 歳と定義づけている場合もありますし、年齢だけでひとくくりに区切ってしまうことはよくありません。

老化現象とは何か、何歳から現れるのか？

　老性自覚という言葉があります。これは「あぁ、歳をとったなぁ」と自身で老いに気づくことをいいます。

　老いを自覚する時期は、人によって個人差があります。自分に何らかの老化現象が現れはじめた頃に老性自覚を経験するのだと思いますが、老化現象が現れる年齢は、人によって幅があります。

　老化現象は、生理的老化と病的老化に分けられ、すべての人に起こる老化現象は生理的老化で、それに伴い出現する症状を老年症候群といいます。

　病的老化は、疾病や外部要因により引き起こされる老化です。

老年症候群は機能低下で説明できる

　老年症候群は、単に身体が動きにくくなることだけではありません。キーワードは機能低下です。認知機能などが低下する精神心理的障害、消化吸収能力の低下により便秘などを引き起こす排泄機能障害、視覚や聴覚の機能低下などが起こる感覚機能障害、食事の摂取量の減少や消化吸収能力の低下などで低栄養を引き起こす栄養摂取障害、そして身体機能低下で寝たきりなどを引き起こす移動能力障害などがあります。

◎ 老化現象

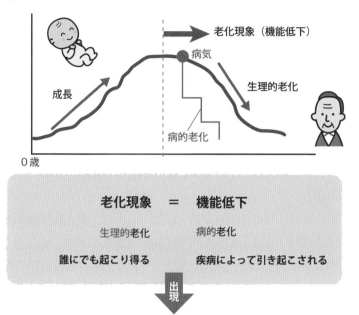

老化現象（機能低下）

成長

病気

生理的老化

病的老化

0歳

老化現象　＝　機能低下

生理的老化　　　病的老化

誰にでも起こり得る　　疾病によって引き起こされる

出現

●老年症候群　　加齢に伴い心身に現れる症状

障害の種類	低下する機能	症状
精神心理的障害	認知機能の低下	認知症、うつ など
移動能力障害	身体機能の低下	寝たきり、廃用症候群 など
排泄機能障害	消化吸収能力の低下	便秘、失禁 など
感覚機能障害	視覚や聴覚の機能低下	視覚障害、聴覚障害 など
栄養摂取障害	消化吸収機能の低下	低栄養、脱水 など

●老性自覚　　「あぁ、歳をとったなぁ……」と自覚すること

ワンポイント

人はからだだけでなくこころも老化します

高齢者に関しての出題が多いので、老年症候群は頻出の項目です。
からだの老化だけでなく、こころ（心理・精神面）の老化もたくさん
あります。確実に覚えてください。

03 老化に伴う心身の変化と生活

老化で引き起こされる心身の機能低下と
高齢者のこころとからだの変化を学びましょう

　高齢者の身体上の変化は、見た目の変化（形態的変化（けいたいてき））と中身の変化（機能的変化）に分けられます。

　見た目としては、**身長の低下・髪の毛の白髪化や脱毛・皮膚の乾燥やしわの増加**が挙げられます。

　また、中身については、全体的に機能低下が起こります。**噛んだり飲み込んだりする力（咀嚼・嚥下機能）の低下・胃や腸（消化吸収機能）の低下・心臓や血流（循環器機能）の低下・見たり聞いたりする力（感覚機能）の低下**などが挙げられます。

自律神経にも老化の影響がある

　また、**自律神経にも変調**がみられます。自律神経には、交感神経（活動中・ストレスを感じている状態）と副交感神経（心身がリラックスした状態）があり、これが自動的に切り替わるようになっています。

　たとえば、仕事中などはストレス状態が続くので交感神経が優位となりますが、寝る前などはスイッチが切り替わり、副交感神経が優位となります。

　自律神経に変調が起こると、このスイッチの切り替えがうまくいかなくなり、ひどい状態になると、自律神経失調症（じりつしんけいしっちょうしょう）となります。

新しいことは覚えにくいが、経験で得た知識は残りやすい

　人間の知能には、新しいことを覚える知能（流動性知能）と、これまでの経験や知識を発揮する知能（結晶性知能（けっしょう））があります。

　高齢者は、**流動性知能が低下**し、**結晶性知能が維持される**といわれます。すなわち、新しいことが覚えにくくなり、経験として積み上げてきた知識は残りやすいということですね。

◎ 老化に伴う心身の変化

● 老化による形態的変化

身長・体重の減少

白髪化、脱毛

皮膚の乾燥

筋肉量の減少

● 老化による機能的変化

・咀嚼機能、嚥下機能の低下

・消化吸収機能の低下

・循環器機能の低下

・感覚機能の低下 など

● 自律神経の変調

	交感神経	副交感神経
血圧	上昇	下降
筋肉	緊張	弛緩
ホルモン分泌	乱れる	安定する

自律神経失調症

不調な状態

交感神経
（ストレス） 副交感神経
（リラックス）

自動的に切り替わらない

● 知能の変化

	流動性知能	結晶性知能
能力の概要	・新しいことを学ぶ ・新しい環境に適応する	・これまでの経験と知識を発揮する
特徴	・生まれつきの能力と強く関係	・環境条件の影響を受けやすい
例	・暗記力 ・情報処理能力	・一般知識 ・判断力、理解力
加齢変化	・高齢になると低下する ・流動性知能は30代が最も高い	・比較的維持できる ・結晶性知能は60代が最も高い。 　70、80代以降は低下

ワンポイント

2つの知能の違いを押さえよう

流動性知能と結晶性知能の特徴は正反対です。流動性＝「流れる」→
忘れやすい、結晶性＝「固まる」→忘れにくいなど、言葉の意味と合
わせて覚えるとよいでしょう。

04 記憶のしくみ

人が記憶するメカニズムを知り、
年齢とともに衰えやすい機能を知りましょう

　人が記憶をするときは、記銘（新しいことを覚える）→保持（覚えておく）→想起（再生）（思い出す）というプロセスを経ています。

　高齢者は一般的に、**記銘力と想起力が低下する**ので、新しいことを覚えにくく、記憶したはずのことを思い出しにくくなってしまいます。

　年をとるにつれて、「顔は覚えているのに、いくら考えても名前が出てこない」といった経験が増えていきます。でも、お風呂に入った瞬間、ハッと名前を思い出すこともあります。これは誰にでも起こり得る「もの忘れ」であり、決して認知症のはじまりではありません。**「認知症」と「もの忘れ」は異なる**ことを知っておきましょう。

記憶には、感覚記憶・短期記憶・長期記憶の３つがある

　記憶は、感覚記憶・短期記憶・長期記憶に分類されます。

　パッと見た何かが一瞬だけ頭に残っているのが感覚記憶、それを少しだけ脳にキープしておくのが短期記憶、半永久的に脳に残しておくのが長期記憶です。

　たとえば、みなさんの目にパッと入ってきた光景も、しばらくすると忘れてしまいますよね。でも、インパクトがあるものは、しばらくは頭に残っています。感覚記憶はほぼ一瞬の出来事であり、その中から少し重要なものだけを脳は短期記憶に送り込むのです。

　さらに長期記憶は、**意味記憶**（日付、人の名前など）、身体で覚える**手続き記憶**（自転車の乗り方など）、**エピソード記憶**（個人的な経験や過去の出来事など）などに分類されます。高齢者は、長期記憶のうち、意味記憶と手続き記憶は比較的衰えにくく、エピソード記憶は衰えやすいといわれています。

記憶の分類

記憶の種類	内容・例	特徴
感覚記憶	感覚器に入ってくる刺激情報	感覚器の機能低下により衰える
短期記憶	瞬間的に覚えていても、すぐに忘れてしまう記憶	注意力の低下により衰える
長期記憶	知識や経験のように、長期間保持されている記憶	―
意味記憶	一般的な情報に関する記憶 例 地名、日付、物の名称	比較的、衰えにくい
手続き記憶	からだで覚えた技能などの記憶 例 自転車の乗り方、泳ぎ方	比較的、衰えにくい
エピソード記憶	過去の経験や出来事に関する記憶 例 昨日は何をした、 　　誰とどこに行った	衰えやすい

 記憶の過程

記銘 → 新しいことを覚える ------- **低下** 新しいことが覚えにくくなる

↓

保持 → 覚えた内容を脳内で保存

↓

想起（再生） → 保持している情報を必要に応じて取り出す ---- **低下** 思い出しにくくなる

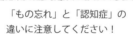
「もの忘れ」と「認知症」の違いに注意してください！

 ワンポイント

記憶の分類の表は覚えましょう

「記憶の分類」や「記憶の過程（記憶のプロセス）」など記憶に関する出題は多いです。上記の表は暗記必須ですので、確実に理解してくださいね。

05 欲求・適応と適応機制（きせい）

マズローが提唱した5段階の欲求階層説と
適応規制のしくみを理解しましょう

　人間の欲求には、単に「○○が欲しい」とか「○○したい」という単純な欲求にとどまらず、さまざまなものがあります。

　マズローは人間の欲求を5段階のピラミッドで説明する**欲求階層説**を唱えました。ピラミッドは下から積み上げていかなければ完成しませんから、下層にある欲求が満たされて初めて、1つ上の階層に進めます。

　一番下の階層は**生理的欲求**で、食欲などの生きていくために必要な欲求です。それが満たされたら、次は**安全欲求**で、住宅や健康などの安全を維持する欲求です。この2つは人が生きていくために必要な**基本的欲求**です。

　次の階層は**所属・愛情欲求**で、家族が欲しい、愛されたいという欲求です。その上は**承認欲求**で、「他人に認められたい、尊敬されたい」という欲求です。

　ここまでの4つは**欠乏欲求**（足りない何かを求める欲求）になりますが、一番上の欲求は、ないものを求める**自己実現の欲求（成長欲求）**となります。上の3つの層の欲求は、社会的欲求といわれ、他者との関わりで生じる欲求です。この5段階は順番も含めて覚えておきましょう。

適応規制は、自分のこころを守ろうとするはたらき

　個人の欲求が、環境と調和して満たされている状態を**適応**といいます。しかし、欲求が満たされず、不安や不快な気持ちを抱えてしまうこともあります。それを解消しようとして、私たちは無意識に自分自身を守る行動をとることがあります。それが**適応機制**です。

　たとえば、緊張する場面で逃げ出したり（**逃避**（とうひ））、自分に興味を持って欲しいために幼稚な振る舞いをしたり（**退行**（たいこう））、好きな異性に意地悪をしたり（**反動形成**）、芸能人のマネをして芸能人の気分になること（**同一化**）も、適応規制です。みなさんにも心当たりがあるのではないでしょうか。

◉ マズローの欲求の階層

成長欲求	・自己充足的 ・欠乏欲求が充足されると出現	

自己実現の欲求
・自らを完成させ、なし得る最善を尽くそうとする欲求

承認欲求
・自尊心と他者からの承認の欲求

所属・愛情の欲求
・家族など集団に帰属したい、愛情に包まれたいという欲求

安全欲求
・安全な場所（居住地など）を求めるという欲求

生理的欲求
・生命維持のための最低限度の本能的な欲求（食欲など）
・衣食住など

欠乏欲求
・外からのものや人によって充足される
・足りない何かを求めていくこと

社会的欲求（二次的欲求）

基本的欲求（一次的欲求）

◉ 適応機制でこころを守る

適応機制とは？
・無意識のうちに自分自身を守る行動
・自分自身を認める、嫌な思いをしないよう何か違うもので表現

抑圧	嫌な感情を抑えつける
逃避	不安、緊張、葛藤などから逃げ出す
退行	赤ちゃん返りのように逆戻りし、気を引く
代償	妥協して代わりのものを得て満足する
補償	自分の苦手部分を隠し、得意部分で優越感を補う
合理化	言い訳し、失敗や欠点を正当化する
昇華	社会的に実現不可能な欲求を社会的に認められる目標に向け換える
同一化（同一視）	他者と自分を同一化し、まねる
投射（投影）	他者を指摘、非難することで満足する
置き換え	八つ当たりなど、他の対象に向ける
反動形成	思っていることと正反対の行動をする

📖 ワンポイント

欲求階層説がピラミッド型の理由は？

マズローの欲求階層説はピラミッド型になっています。これは、生理的欲求が満たされなければ安全欲求が生まれないと考えられるからです。マズローは、自己実現の欲求は、すべての欠乏欲求が満たされないと発生しないと考えたのですね。

06 高齢者の症状・疾患の特徴

高齢者の疾患の現れ方には個人差があり、
症状を見逃しやすいです

　まず、高齢者といっても個人差があります。同じ 65 歳であっても、元気に仕事をしている人もいれば、寝たきりの人もいます。

　高齢者は病気にかかりやすいです。しかも、完治しにくい（**慢性化しやすい**）傾向があります。

　そして、「高血圧と糖尿病」という具合に**複数疾患に罹患**していることも多いです。それによって、服用している薬剤が多くなってしまうため、**副作用も出現しやすい**といわれます。

　さらに、**症状が非定型的**であり、**その疾患の持つ基本的な症状が現れにくい**のも特徴です。

　たとえば、肺炎の場合、通常は「高熱と咳」が出現しますが、高齢者では「微熱が少し出て咳も出ない」こともよくあります。そのため初期段階での発見が遅れ、結果、重篤となってしまうことがあります。

　このように、高齢者の疾患の特徴を知ることによって、初期症状を発見することができ、これによって重篤化を防ぐことができます。私たちの「当たり前」が高齢者の「当たり前」ではないことを理解しておきましょう。

高齢者が要支援・要介護となる原因、死因となる疾病は？

　高齢者が要支援状態となる原因としては、関節疾患、骨折・転倒や高齢による衰弱が挙げられ、要介護状態では、認知症、脳血管障害などが挙げられています。

　65 歳以上の高齢者の死因は、細かく見れば年齢における若干のバラつきがありますが、**悪性新生物**（がん）、心疾患、脳血管疾患、肺炎が多くを占めています。

◎ 高齢者の疾患の特徴

- ・慢性化しやすい
- ・多くの慢性疾患を併せ持つ
- ・合併症を併発しやすい
- ・症状が非定型的

- ・個人差が大きい
- ・薬の副作用が出やすい
- ・環境因子の影響を受けやすい

機能低下によって起こる！

◎ 要支援・要介護状態になる原因

要支援	要介護
・関節疾患	・認知症
・高齢による衰弱	・脳血管障害
・骨折	・高齢による衰弱
・転倒	

◎ 高齢者の死亡の四大原因疾患

① 悪性新生物（がん）

② 心疾患

③ 脳血管疾患

④ 肺炎

老衰や不慮の事故を除きます。年代によって、若干の差異があります

ワンポイント

疾患の特徴は「機能低下」で説明できます

加齢に伴い、さまざまな機能が低下していきます。高齢者の疾患の特徴は、すべてこの機能低下で説明できます。たとえば、「薬の副作用が出やすい」のは「解毒作用のある肝臓の機能低下によって起こる」といった具合です。機能低下に着目すると、高齢者の症状や疾患についての理解を深められます。

07 高齢者に多い疾患

合併症が現れやすい糖尿病、原因がわかりにくい高血圧など高齢者に多い疾患とその特徴を理解しましょう

　日々の生活習慣（栄養の偏り・飲酒・喫煙など）が積み重なることで発症リスクが高くなる疾病が**生活習慣病**と呼ばれるものです。三大生活習慣病は悪性新生物（がん）、脳血管障害、心疾患で、これは高齢者の死因の上位にくる疾病と同じです。

高齢者に多い糖尿病は２型。合併症に注意する

　糖尿病とは、膵臓のランゲルハンス島から分泌されるホルモン（インスリン）の不足により、高血糖状態が継続する病気です。若年者の発症が多い１型糖尿病と、生活習慣病として中高年以降の発症が多い２型糖尿病に分類されます。初期症状に乏しいのですが、進行して高血糖の状態が続くと合併症が現れるおそれがあります。糖尿病の三大合併症は、**網膜症・神経障害・腎症**です。

　WHO（世界保健機関）が定めている高血圧の定義は、最高血圧（収縮期血圧）が140mmHg以上または最低血圧（拡張期血圧）が90mmHg以上です。高齢者の場合、特別な病気にかかっているわけではないのに高血圧となる場合も多く、それを**本態性高血圧**といいます。また、最高血圧だけが高い収縮期高血圧も多くみられます。

負のスパイラル「廃用症候群」を予防する

　ゆっくり歩くことができるのに、「時間がかかるから」と、車いすを使ってばかりいると、歩けなくなってしまうことがあります。歩かないことで、主に筋萎縮や関節拘縮などが起こるためです。不活発でいることで心身の機能が低下する症状を**廃用症候群**といいます。予防法は当然、「時間がかかっても自分の足で歩くこと」です。ADLの維持・改善にもつながります。

◎ 三大生活習慣病

① 悪性新生物（がん）
② 脳血管疾患
③ 心疾患

この3つは、高齢者の死因の上位と同じです

◎ 糖尿病の種類と合併症

1型糖尿病	若年者に多い	生まれつき or 若いときに発症
2型糖尿病	中高年に多い	生活習慣病により発症

	糖尿病性網膜症	失明する危険がある
三大合併症	糖尿病性腎症	腎不全から人工透析が必要になる場合がある
	糖尿病性神経障害	手足の神経が障害され、切断の場合もある

◎ 高齢者に多い高血圧

本態性高血圧	原因不明の高血圧
二次性高血圧	原因となる疾患が特定できる高血圧
収縮期高血圧	最高血圧だけが高い高血圧

◎ 廃用症候群とは？

廃用症候群 体を動かさないことで生じる症状

できる	→	しない	→	できなくなる

負のスパイラル！

例 歩ける　　時間がかかるので　　歩けなくなる
　　　　　　車いすで移動する

📖 **ワンポイント**

生活習慣病が怖いワケ

上記の表にあるように、生活習慣病は死因に繋がっています。また、糖尿病や高血圧は初期症状が明確でないため、進行に気づかずに重症化して合併症を引き起こします。予防には、定期的な検診と生活習慣の改善（運動・食事など）が効果的です。

08 脳・神経系の疾患と関連する臓器

ときには重大な後遺症を残すこともある
脳・神経系の疾患の特徴を学びます

大脳には、左右に運動・感覚をコントロールする部分が配置されています。また、大脳から脊髄に続く脳幹（中脳・橋・延髄）は命に関わる部位です。橋と延髄には、呼吸中枢が存在します。小脳が脳幹の後ろ側に位置し、からだの動きのコントロールをしている場所です。

大脳は、軟膜・くも膜・硬膜という三層の膜で保護されており、くも膜と軟膜の間で起こる出血が**くも膜下出血**です。

高齢者は、老化によって脳血管がもろくなるなどの異常が起こりやすくなっています。代表的な疾患を確認しておきましょう。

脳血管障害・パーキンソン病・脊髄小脳変性症の特徴

脳血管障害は、**頭蓋内出血**（脳出血・くも膜下出血）と**脳梗塞**（脳血栓・脳塞栓）に分けられます。

頭蓋内出血には、脳内で出血するものと、くも膜下出血があります。ともに大きな後遺症を残すことがあり、命を落とすこともあります。また、脳梗塞には前兆（**一過性脳虚血発作**）がある場合があります。

パーキンソン病は、中脳の黒質の細胞に異常があり、神経伝達物質である**ドーパミン**が不足することにより、**四大運動症状**（**筋固縮・無動・振戦・姿勢反射障害**）が生じます。ドーパミンを補う薬物療法が有効ですが、だんだん効かなくなり、発症後 10 数年で寝たきりとなってしまうことが多いです。

脊髄小脳変性症は、脊髄や小脳が萎縮することによって**運動失調**が現れます。運動失調とは、運動のコントロールが難しくなることです。

具体的には、歩行時にバランスがとりにくい、ろれつが回らないといった言語機能障害が現れます。

◎ 脳血管障害の種類

頭蓋内出血 脳の血管が破れる	脳出血	・脳内の細かい血管が破れて出血
	くも膜下出血	・くも膜の下で出血（動脈瘤の破裂） ・激しい頭痛
脳梗塞 脳の血管が詰まる	脳血栓	・血管が徐々に詰まる。高齢者に多い
	脳塞栓	・心臓でできた血栓が脳に流れ、血管を詰まらせる
	一過性脳虚血発作	・脳梗塞の前兆 ・血管が一時的に詰まるが、再開し流れる

◎ パーキンソン病

特徴	・神経伝達物質ドーパミンの不足 ・発症後10〜15年で寝たきりになる
治療法	・基本は薬物療法

症状	・四大運動症状
	  ①筋固縮 ── 筋肉のこわばり（歯車現象）
	  ②無動・寡動 ── 動作緩慢
	  ③振戦 ── ふるえ
	  ④姿勢反射障害 ── 起立時のバランス維持が困難（中重度時）
	・小刻み歩行、突進現象 など

◎ 脊髄小脳変性症

原因	・脊髄や小脳の萎縮
症状	・運動失調

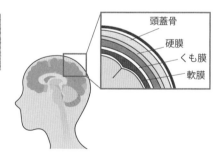

代表的な脳・神経系疾患を押さえよう

脳血管障害には、出血と梗塞のものがあります。この２つについては、上の表を活用して特徴や注意事項、対応などを理解しましょう。
脳・神経系では、パーキンソン病も特徴的な症状がありますから、しっかり覚えてくださいね。

09 骨・運動器系の疾患と関連する臓器

加齢による筋力と骨密度の低下に関連した
高齢者特有の骨・運動器系の疾患があります

　人間には約200個の骨があります。骨は、赤血球・白血球・血小板を造る骨髄とカルシウムを多く含む骨質から成り立っています。

　骨には5つの大切な仕事があります。私たちの身体を支える支持機能、臓器などを守る保護作用、からだを動かす運動機能、血液を造る造血作用、そしてカルシウム等を蓄える貯蔵作用です。

高齢者は、転倒時に骨折のリスクが高くなる

　高齢者の骨折しやすい部位の主なものは、股関節の大腿骨頸部骨折、背骨の脊椎圧迫骨折、肩のあたりの上腕骨近位端骨折、手首の橈骨遠位端骨折などです。いずれも転倒時に打ちやすい部位です。

筋肉の種類と高齢者に発症しやすい骨・運動器系の疾患

　人間の筋肉には、**自分の意思で動かせる筋肉（随意筋）**と**自分の意思で動かせない筋肉（不随意筋）**があります。随意筋は骨格筋と呼ばれ、トレーニングで鍛えることができます。その反面、使わなければ筋力が低下します。

　不随意筋は内臓をつくっている筋肉で、心臓をつくっているものを心筋、心臓以外の臓器をつくっているものを平滑筋といいます。

　骨粗鬆症は、骨密度の低下により引き起こされる疾患です。脊柱管狭窄症や後縦靱帯骨化症、関節リウマチなど、介護保険の特定疾病（83ページ参照）になっているものは多く、骨・運動器系疾患は、老化に伴い発症頻度が上がるものが多いです。

◎ 骨の特徴

骨髄	・赤血球、白血球、血小板をつくる
骨質	・カルシウムを多く含む ・寝たきりになると、カルシウムが血液に放出される
5つの作用	①支持作用 … 身体を支える ②保護作用 … 臓器などを守る ③運動作用 … からだを動かす ④造血作用 … 血液をつくる ⑤貯蔵作用 … 電解質（カルシウム等）を蓄える

◎ 筋肉の特徴

骨格筋	随意筋（自分の意思で自由に動かせる） ・腕や足の筋肉、腹筋、背筋
平滑筋	不随意筋（自分の意思で動かせない） ・心臓以外の内臓をつくっている
心筋	不随意筋 ・心臓だけにある筋肉

◎ 骨・運動系の疾患

①骨粗鬆症
②脊柱管狭窄症（特定疾病）
③後縦靱帯骨化症（特定疾病）
④変形性膝関節症
⑤関節リウマチ（特定疾病）
⑥骨折
⑦筋強直性ジストロフィー

◎ 高齢者に多い骨折

・大腿骨頸部骨折

・脊椎圧迫骨折

・上腕骨近位端骨折

・橈骨遠位端骨折

ワンポイント

高齢者が骨折しやすい部位は？

骨格筋、平滑筋、心筋の3種類は必ず覚えてください。高齢者の骨折が多いのは周知の通りですが、よく骨折するのはどこの部位なのかを覚えておきましょう。

10 腎・泌尿器・内分泌系の疾患と関連する臓器

腎臓や尿路、前立腺の異常で尿が出にくくなったり感染症を引き起こしたりすることがあります

腎臓は腰付近の左右にある臓器で、不要物を濾過(ろか)し、尿を生成する働きがあります。腎臓の機能が低下し、腎不全(じんふぜん)になって腎臓の機能が低下し、正常な尿の生成ができなくなると、人工透析を導入する必要があります。

高齢者に多い腎臓に関係する疾患としては、尿路感染症に伴う腎盂腎炎(じんうじんえん)があります。

尿路感染症は尿道が短い女性に多く見られ、細菌が腎臓まで到達してしまうことによって起こります。

前立腺は、男性のみにある臓器で、尿道を取り巻いています。前立腺肥大(ひだい)症は男性のみに起こる症状で、尿道を圧迫することにより、尿が出にくくなります。

また、近年増加傾向にある前立腺(ぜんりつせん)がんは、前立腺にできるがんを指しますが、前立腺肥大症との関連はないとされています。

内分泌系（ホルモンの分泌）の異常によって現れる疾患

ホルモンを分泌する器官を内分泌器官といいます。ホルモンは身体のバランスを整えるために血液中に分泌されるものですが、分泌異常によって、さまざまな症状が現れます。

更年期障害は、性腺ホルモンの減少（女性はエストロゲン、男性はテストステロン）によって起こります。

甲状腺ホルモンはエネルギー代謝を活性化する働きをします。甲状腺ホルモンが低下することで甲状腺機能低下症になり、甲状腺ホルモンが過剰に分泌することで甲状腺機能亢進(こうしん)症になります。

そのほかにも、糖尿病に関係するインスリン、睡眠ホルモンと呼ばれるメラトニンも分泌に異常がみられることで、不調や疾患を引き起こします。

腎・泌尿器・内分泌系の疾患

前立腺肥大

特徴
・男性にしかない
・加齢に伴い肥大
・尿道を圧迫
・50歳以上に多い

原因　加齢による老化現象

症状　排尿困難、頻尿 など

前立腺がん

特徴
・前立腺にできる「がん」
・前立腺肥大から進行するものではない

原因　明確ではないが動物性脂肪の摂取など

症状　一般的には無症状で、進行すると頻尿や尿が出にくいなど

甲状腺機能低下症

特徴　甲状腺ホルモンの分泌が低下

原因　甲状腺の障害

症状　疲れやすい、集中力の低下 など

甲状腺機能亢進症

特徴
・甲状腺ホルモンが多量に分泌
・バセドウ病

原因　甲状腺を刺激する抗体の過剰産生

症状　甲状腺腫大、頻脈、眼球突出 など

更年期障害

特徴　性腺ホルモンの機能低下

原因　女性…エストロゲンが減少
男性…テストステロンが減少

症状　のぼせ、顔のほてり、頭痛、めまい、イライラ、不安感など

「前立腺肥大 → 前立腺がん」
への進行はありません

 ワンポイント

前立腺の疾患は男性のみです

前立腺は男性にしかない臓器です。前立腺肥大は加齢に伴い発症が
増える疾病で、試験にも出題されやすいです。また、尿路感染症も
高齢者に多い感染症ですので、理解しておきましょう。

11 消化器系の疾患と関連する臓器

消化器である胃や腸の働きと機能、
起こりやすい疾患を押さえましょう

胃は食物を消化し、腸は食物を吸収することはよく知られています。胃には胃酸という強酸性の液体があり、胃に運ばれてきた食物を吸収しやすい形に変えます。また、**十二指腸・空腸・回腸**に分類される小腸（6〜7m）では主に栄養分を吸収し、**盲腸・結腸・直腸**に分かれる大腸（約1.5m）では、主に水分を吸収します。

胃潰瘍と十二指腸潰瘍はどのように起こるのか

潰瘍ができる原因はさまざまで、ストレスやピロリ菌、薬の副作用などと考えられています。胃酸はあらゆるものを溶かす液体ですが、胃そのものを溶かすことはありません。胃壁で守られているからです。しかし、先に述べた原因によって胃壁のはたらきが弱まってくると、胃の細胞を溶かしてしまい、出血することもあります。

また、十二指腸は胃に直結している小腸の一部ですが、胃酸が流れ込むことがあり、同様のことが起こります。潰瘍ができる場所によって、**胃潰瘍**か**十二指腸潰瘍**のいずれかになるのです。

出血した場合、**吐血**することも、**下血**することもあります（肛門から血液成分が出てくる）。血液が混じった真っ黒な便は、**タール便**と呼びます。

高齢者で発症する可能性が高いのはC型肝炎

年齢を重ねると、**逆流性食道炎**や、**腸閉塞**などもみられることがあります。

また、ウイルスなどで起こる肝炎には、A型・B型・C型肝炎があり、それぞれ感染経路が異なります。高齢者に多く慢性化しやすいのはC型肝炎で、**肝硬変**や**肝臓がん**に移行していく割合は高いです。

◎ 消化器系の臓器

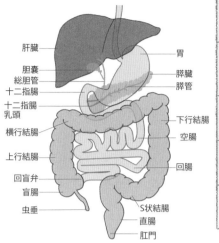

胃	・胃液を分泌 ・食物を消化
肝臓	・胆汁を分泌 ・有害物質の解毒、分解、排泄 などを行う
膵臓	・ランゲルハンス島よりインスリンなどのホルモンを分泌
小腸	・十二指腸、空腸、回腸に区分 ・栄養分を吸収
大腸	・盲腸、結腸、直腸に区分 ・水分を吸収し糞便を形成

●胃潰瘍・十二指腸潰瘍

特徴　・胃酸によりただれ、穴が開くなど
　　　・高齢者の場合は胃潰瘍のほうが多い

原因　ピロリ菌、薬の副作用、ストレスなど

症状　・高齢者では痛みがない場合がある
　　　・酷くなると吐血や下血（タール便）

●肝炎

特徴　C型肝炎は高齢者に多い
　　　A型肝炎（急性、経口感染）
　　　B型肝炎（慢性、血液感染）
　　　C型肝炎（慢性、血液感染）

原因　肝炎ウイルス

症状　黄疸、食欲不振、全身倦怠感

慢性肝炎は、肝硬変、肝がんへと進行するため要注意です！

ワンポイント

肝炎は感染症の項目でも出題されます

消化器のそれぞれの働きを必ず覚えましょう。また、肝炎については感染症の項目でも出題される可能性があるため、ここで覚えてしまいましょう。高齢者に多い肝炎はC型肝炎です。

12 循環器系の疾患と関連する臓器

心臓と血管の各部の名称と働き、
起こりやすい疾患を学びましょう

　心臓には、全身へ血液を送り出すポンプ機能があります。また、上下左右に部屋があり、上部が心房、下部は心室と呼ばれています。

　血管には、心臓から出る動脈と心臓に戻る静脈、そして毛細血管があり、血液の種類には、酸素をたくさん含む動脈血（真っ赤な色）と二酸化炭素を多く含む静脈血（どす黒い色）があります。

　基本的には**動脈には動脈血**、**静脈には静脈血**が流れています。しかし、例外が1つだけあり、肺動脈には静脈血、肺静脈には動脈血が流れています。

心臓は血液の「循環」を担っている

　私たちのからだには、心臓を中心とした2つの循環があります。

　心臓から全身に酸素を運び二酸化炭素を回収し心臓に戻る体循環（大循環）と、二酸化炭素と酸素を交換するために心臓と肺を行き来する肺循環（小循環）です。

　血液は、固体である血球（45%）と、液体である血漿（55%）に大きく分けられます。

　血球には、酸素を運ぶ赤血球、細菌感染を防ぐ白血球、血液を固める作用がある血小板があります。

循環器系の疾患

　高齢者に多いのは、心筋内にある冠状動脈が一時的に狭くなり酸素不足が生じる狭心症や、冠状動脈が完全に閉塞してしまい心筋の壊死を引き起こしてしまう心筋梗塞などがみられます。

◎ 心臓の構造と血管の流れ

動脈	動脈血	真っ赤	酸素が多い
静脈	静脈血	黒っぽい	二酸化炭素が多い

体循環 （大循環）	心臓→全身	酸素を運ぶ
	全身→心臓	二酸化炭素を回収
肺循環 （小循環）	心臓→肺 （肺動脈）	静脈血が流れる
	肺→心臓 （肺静脈）	動脈血が流れる

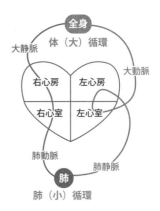

◎ 血液の成分

血球（45%）── 白血球：細菌感染で増える
血小板：血液凝固する
赤血球：酸素を運ぶ（ヘモグロビン）

血漿（55%）── 水分
たんぱく質

◎ 循環器の疾患

● 狭心症

特徴 動脈が一時的に狭くなる
労作性狭心症（運動時）
安静時狭心症（安静時）

対応法 ニトログリセリン舌下投与

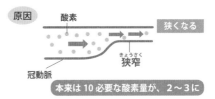

原因

狭くなる

狭窄

冠動脈

本来は10必要な酸素量が、2～3に

● 心筋梗塞

特徴 動脈が閉塞し、心筋が壊死
高齢者は自覚症状がないこともある

治療法 手術療法など

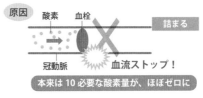

原因 酸素 血栓

詰まる

冠動脈 **血流ストップ！**

本来は10必要な酸素量が、ほぼゼロに

● その他

不整脈、動脈硬化症、心臓弁膜症、心不全など

ワンポイント

狭心症と心筋梗塞の違いを理解しましょう

心臓や血管は幅広く理解しておく必要があります。血液の成分や血液の循環なども覚えましょう。また、狭心症と心筋梗塞を混同しやすいので、比較しながら覚えていきましょう。

13 皮膚系の疾患

高齢者の皮膚は抵抗力が弱くなっており、
さまざまな疾患を引き起こす可能性があります

　高齢者の皮膚は、老化によって肌の水分量と皮脂が減少するために、乾燥しています。それにより、かゆみを生じたり、肌の弾力や抵抗力が低下して皮膚トラブルを引き起こす場合もあります。

皮膚系疾患の原因は、乾燥、圧迫、ウイルスなどさまざま

　代表的な疾患が、**老人性皮膚掻痒症**です。これは、かゆみを主症状とした皮膚疾患なので、症状が悪化しないように保湿剤を使用して肌の乾燥を防ぎます。

　寝たきりの高齢者によく見られるのが、「床ずれ」と呼ばれる**褥瘡**です。長時間、同じ体勢でいると、身体の一部分に体重がかかり、圧迫を受けた部分が赤くなります（発赤）。これが褥瘡のはじまりです。この時点で対応できれば治癒するのですが、進行すると、皮膚が破れて細胞が壊死するなど、重症化してしまいます。褥瘡ができやすいのは、骨が突き出ている肩甲骨部や仙骨部、大転子部です。

　ヒゼンダニによって引き起こされる**疥癬**も多いです。疥癬には、通常疥癬と角化型疥癬（ノルウェー疥癬）の２種類あり、角化型疥癬のほうはヒゼンダニの数が多く、介護施設で集団感染を引き起こすことがあります。

　ジメジメした部位には、カビによる疾患も出現します。**白癬菌**というカビは足の指の間に感染します。いわゆる**水虫**ですね。また、おむつの中（陰部）や口腔内には**カンジダ**というカビが発生します。

　帯状疱疹は、水痘ウイルスの活性化によって引き起こされる疾患です。身体の左右どちらかに水疱が帯のように巻きつくように発生します。皮膚疾患はかゆみが強いものが多いのですが、帯状疱疹のウイルスは神経にアプローチするため、痛みが生じます。

◎ 皮膚系の疾患

名称	原因	特徴	対処法
老人性皮膚掻痒症	皮膚の乾燥	かゆみを生じる	保湿剤を使用し、肌の乾燥を防ぐ
疥癬	ヒゼンダニ	皮膚表面に起こる ①通常疥癬 ②角化型疥癬(ノルウェー疥癬) ※ダニの数が多い	①薬物療法 ②個別管理が必要
白癬	白癬菌(カビ)	足で発生することが多い	薬物療法
カンジダ症	カンジダ菌(カビ)	陰部で発生することが多い	薬物療法
帯状疱疹	水痘ウイルス	左右の片側に帯状の水疱ができ、痛みを伴う	・抗ウイルス薬の内服薬 ・痛みがでたら受診する
褥瘡	体圧、栄養不足など	・発赤が初期症状 ・壊死へと進行する	・塗り薬、手術 ・予防が大切

◎ 褥瘡の起こりやすい部位

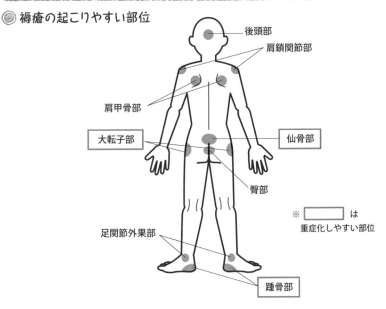

後頭部
肩鎖関節部
肩甲骨部
大転子部
仙骨部
臀部
足関節外果部
踵骨部

※ [　　　] は重症化しやすい部位

ワンポイント

皮膚疾患の原因は多種多様です

高齢者の皮膚トラブルの多くは、皮膚が乾燥することで発生します。また、皮膚の感染症の原因は、虫やカビ、ウイルスなど複数ありますので、上記の表で覚えてください。

こころとからだのしくみ領域

障害の理解

〈問題1〉　障害者が障害福祉サービスを利用するために相談支援専門員が作成する計画として、**正しいもの**を1つ選びなさい。　　　　　　（令和3年度・問題95）

1　地域福祉計画
2　個別支援計画
3　サービス等利用計画
4　障害福祉計画
5　介護サービス計画

ヒント　障害者のケアプランを選びます。高齢者のケアプランとあわせて覚えると効果的です。

こころとからだのしくみ

〈問題2〉　Gさん（83歳、女性）は、認知機能は正常で、日常生活は杖歩行で自立し外出もしていた。最近、外出が減ったため理由を尋ねたところ、咳やくしゃみで尿が漏れることが多いため外出を控えていると言った。Gさんの尿失禁として、**適切なもの**を1つ選びなさい。　　　　　　（令和2年度・問題104）

1　機能性尿失禁
2　腹圧性尿失禁
3　溢流性尿失禁
4　反射性尿失禁
5　切迫性尿失禁

ヒント　尿失禁の問題では、それぞれ「○○性尿失禁」が、どのようなときに起こるのかを覚えておけばよいですね。

【正解】　問題1：3　　問題2：2

第 **6** 章

認知症の理解

この科目は認知症の利用者を介護している方にはイメージがしやすい一方、みなさんが担当される利用者に合致しない症状などが出題されることもあります。そのため、自分の経験だけに頼るのは危険です。「○○認知症は△△の症状がある」という一般的な知識を身につければ事例問題も正解できます。

01 認知症のある人の現状と今後

増加する認知症高齢者の現状と
その施策について理解しましょう

　日本では、高齢化率が年々上昇しています。それに伴って、認知症のある高齢者（以下、認知症高齢者）も増加しています。

　内閣府の「平成29年度版高齢社会白書」によると、2025（令和7）年には、認知症高齢者が675万人（全高齢者の20%）になると推計されています。

三大認知症とは

　アルツハイマー型認知症、血管性認知症、レビー小体型認知症が「三大認知症」と呼ばれています。現在、日本の高齢者の約9割が、この三大認知症に当てはまります。

増え続ける認知症高齢者への施策

　2015（平成27）年の新オレンジプランに続き、2019（令和元）年に、認知症施策推進大綱が閣議決定されました。この大綱の基本的な考え方としては、認知症の発症を遅らせ、**認知症になっても希望を持って日常生活を過ごせる社会**を目指し、認知症の人や家族の視点を重視しながら、「共生」と「予防」を車の両輪として施策を推進させていくとされています。

　具体的には、認知症サポーター研修養成の推進などを行う「**普及啓発・本人発信支援**」、介護サービス基盤整備や介護人材の確保を行う「**医療・ケア・介護サービス・介護者への支援**」、そして認知症発症前の人などが研究や知見に容易に参加できるしくみを構築するなどの「**研究開発・産業促進・国際展開**」などが定められています。

　また、権利擁護対策としては、**成年後見制度**、社会福祉協議会が窓口となって行う**日常生活自立支援事業**、**高齢者虐待防止法**などの利用促進を進めています。

◎ 認知症の原因となる疾患

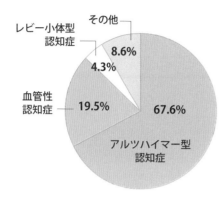

その他 8.6%

レビー小体型
認知症 4.3%

血管性
認知症 19.5%

アルツハイマー型
認知症 67.6%

上位3位の認知症で
全体の9割を
占めています！

引用：厚生労働省ウェブサイト

◎ 認知症高齢者の施策

・新オレンジプラン（2015年）

・認知症施策推進大綱（2019年）

　◆ 普及啓発・本人発信支援

　◆ 医療・ケア・介護サービス・介護者への支援

　◆ 研究開発・産業促進・国際展開

・権利擁護対策

　◆ 成年後見制度

　◆ 日常生活自立支援事業

　◆ 高齢者虐待防止法

新オレンジプランは、団塊の世代が75歳以上となる2025年を見据え、認知症の人の意思が尊重され、できる限り住み慣れた地域のよい環境で自分らしく暮らし続けることができる社会の実現を目指して策定されたものです

ワンポイント

三大認知症は確実に覚えよう！

認知症となる原因疾患として一番多いのは、アルツハイマー型認知症、次いで血管性認知症、レビー小体型認知症です。この三大認知症については、細かく覚えてください（176ページ参照）。また、認知症高齢者の施策についても理解しておきましょう。

02 認知症の基礎的理解

もの忘れ、軽度認知障害、認知症の
違いを理解しておきましょう

　年齢を重ねてくると、認知機能が低下します。次第にいろいろなことを思い出せなかったり、忘れてしまったりします。高齢者に記憶力の低下がみられると、すぐに「認知症ではないか?」と心配になりますが、これは単なる老化現象として捉えることができます。

　老化現象のもの忘れと認知症の違いを具体例で見てみましょう。たとえば、昨日の晩ご飯について考えてみます。何を食べたのか思い出せないことがあっても、食べたこと自体を忘れるわけではないですね。もの忘れの場合は、食べたものをすぐに思い出せなくても、行為(食べたこと)を忘れることはありません。

　認知症の高齢者は、5分前に食べたはずの晩ご飯を「まだ食べていない」と話すことがよくあります。認知症高齢者の記憶障害は、**その行為や行動が完全に抜け落ちてしまう**のです。

軽度認知障害(MCI)は、認知症ではない

　軽度認知障害(以下「MCI」)は、認知症に近い状態ではありますが、認知症ではありません。MCIの定義としては、健常(けんじょう)と認知症の中間といわれており、**認知機能に問題は生じているが、日常生活には支障がない**という状態であるとされています。

　ちなみに、「日常生活に支障が生じる」とは、人や場所などの見当がつかなくなる、火の始末ができないといった事象が現れることで、認知症の定義の一つとしてあげられています。

　MCIの高齢者の多くが認知症へ進行するといわれていますが、一部の高齢者は健常に戻ります。このあたりは個人差がありますので、勝手に「MCI＝認知症」と決めつけてはいけません。

◎ もの忘れと認知症の違い

もの忘れ	認知症
記憶 一部分を忘れる	記憶 すっぽり抜け落ちる
例) 食事をとったことは覚えているが、何を食べたかを忘れてしまう	例) 5分前に食事をとったこと自体を忘れてしまう

◎ 軽度認知障害と認知症の違い

軽度認知障害（MCI）	認知症
・認知症ではない ・日常生活に支障をきたさない （1人で生活できる）	・日常生活に支障をきたす （人や場所の見当がつかない、 火の始末ができないなど）

軽度認知障害は「軽度の認知症」ではないので注意です！

ワンポイント

もの忘れと認知症の違いがわかりますか？

もの忘れは、記憶の一部分を忘れる（ご飯を食べたことは覚えているが、何を食べたかを忘れてしまう）ことで、認知症は、記憶がすっぽり抜け落ちる（5分前にご飯を食べたこと自体忘れている）ことです。軽度認知障害(MCI)は、「軽度の認知症」ではありません。記憶の低下はみられるものの、日常生活に支障をきたさないといわれています。

03 認知症のさまざまな症状

認知症の中核症状と行動・心理症状（BPSD）
について理解しましょう

「認知症になると、どういう症状が出るのか？」と聞かれたら、みなさんは
どう答えるでしょうか。「覚えられない」「すぐ忘れてしまう」など、いろい
ろな症状が出てくるかと思います。認知症の症状は、大きく２つに分けられ
ます。それが中核症状と行動・心理症状（BPSD）です。

中核症状に伴って起こるのが行動・心理症状（BPSD）

認知症になると、脳の障害によって、中核症状が出現します。覚えられな
い・忘れやすい記憶障害のイメージが強いかと思いますが、ここがどこかわ
からなくなる見当識障害、洋服の着方などがわからなくなる失行、段取りを
忘れてしまう実行機能障害などがあります。

BPSD は「行動・心理症状」のことで、中核症状に伴い起こる行動や心理
状態です。

例えば、自宅の居間で、こたつに入ってくつろいでいる認知症の A さん（女
性）がいたとしましょう。

A さんは、夕方になり、「晩ご飯を作らなければならない」と考え、立ち
上がります。しかし、見当識障害があるため、ここがどこだかわからなくな
りました。そこで、A さんは一緒にいた娘さんに「今から家に帰ります」と
言って、おもむろに外へ出てしまいました。外に出た後は、自宅の方向がわ
からなくなってしまい、なかなか戻ることができません。これは、徘徊と呼
ばれる BPSD です。

これ以外にも、BPSD で昼夜逆転や不潔行動が起こります。また、記憶障
害が起こっているために、わからないことが増えて不安感が強くなり、「モ
ノを置き忘れたこと」を「誰かが盗った」と思い込んでしまう妄想（被害妄
想など）などもみられます。

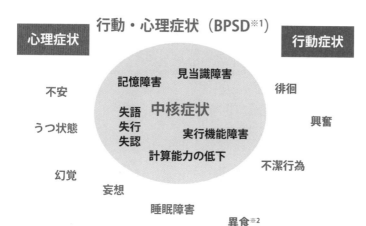

◎ 中核症状と行動・心理症状

心理症状　　　行動・心理症状（BPSD※1）　　　行動症状

不安

うつ状態

幻覚

妄想

睡眠障害

異食※2

中核症状
記憶障害　見当識障害
失語
失行
失認　　実行機能障害
計算能力の低下

徘徊

興奮

不潔行為

※1 BPSD ：behavioral and psychological symptoms of dementia
※2 異食：食べ物ではないものを口にいれてしまう行為

◎ 中核症状の例

①記憶障害 — 記銘の障害：新しいことを覚えられない
想起の障害：思い出せない（近時記憶→遠隔記憶→自分の名前など）

②見当識障害 — 時間、居る場所、自分の名前、年齢など日常生活に必要な情報、理解能力が失われる

③失語 ———— 脳の障害。言語機能が失われる

失行 ———— 行動が失われる。適切な行動ができない（着衣失行など）

失認 ———— 正しく認識できない（鏡に映った自分が誰だかわからないなど）

④実行機能障害 — 段取りができない

⑤計算力の低下 — 数がわからない（財布の中に小銭がたまっているなど）

ワンポイント

中核症状と行動・心理症状（BPSD）を理解しよう

認知症状の症状は、大きく分けて「中核症状」「BPSD（行動・心理症状）」の2つです。認知症の原因となる疾患によって中核症状の現れ方や行動・心理症状にも特徴があるので覚えておきましょう。

04 認知症の原因疾患と症状（三大認知症）

三大認知症（アルツハイマー型認知症・血管性認知症・レビー小体型認知症）を区別して覚えましょう

　三大認知症は、それぞれの発症年齢や症状などに特徴がありますから、比較しながら覚えてください。

三大認知症の特徴を押さえる

◆ アルツハイマー型認知症

　アルツハイマー病によって脳が徐々に萎縮します。記憶をコントロールする海馬周辺が初期から萎縮し、記憶障害が顕著にみられます。

　記憶障害では、同じことを何度も繰り返し話すといった、近時（きんじ）記憶の欠落がみられます。アルツハイマー型認知症では、取り繕（つくろ）い現象が見られます。

　たとえば、「年齢はいくつですか？」という問いに対して、忘れたことを悟られたくないがために「女性にそんなこと聞くものではありませんよ」などという返答があります。また、計算ができなくなっているために、買い物の際、紙幣ばかりを出すので、小銭がたくさん貯まるということもあります。

◆ 血管性認知症

　脳血管障害によって脳細胞のはたらきが障害され、記憶障害や見当識障害などがみられます。血管性認知症の特徴としては、感情をうまくコントロールできない感情失禁が生じることが多いです。また、病変の部位によって症状にむらがあるため、まだら認知症と呼ばれることもあります。

◆ レビー小体型認知症

　脳全体にレビー小体というたんぱく質が沈着して発生します。パーキンソン症状という身体症状も出現します。レビー小体型認知症の大きな特徴として幻視（げんし）がありますが、はっきりとした幻視なので、リアルな幻視と覚えます。「入口にたくさんの人がいる」「床に虫が大量にいる」といったものです。うつ状態になったり、小刻み歩行によって転倒したりするのも特徴です。

◎ 三大認知症の症状と特徴

●アルツハイマー型認知症・血管性認知症

	アルツハイマー型認知症	血管性認知症
発症年齢	70歳以上に多い	40～50歳に多い
男女比	女性に多い	男性に多い
自覚症状	なし	めまい、頭痛、もの忘れなど
経過	徐々に進行	急激に進行することがある
特徴	病識がない 陽気で多弁 感情の平板化 幻聴、物盗られ妄想 取り繕い現象	病識がある 陰気で緘黙 感情失禁 まだら認知症と呼ばれることもある

上記の2つは比較しな
がら覚えましょう！

●レビー小体型認知症

特徴
- 現実的な幻視
- パーキンソン症状（小刻み歩行、前傾姿勢）
- うつ状態
- **歩行不安定による転倒**
- 症状の日内変動

治療薬　**ドネペジル塩酸塩（アリセプト®）**

ワンポイント

三大認知症はよく出ます！

アルツハイマー型認知症と血管性認知症は、発症年齢、男女比、自覚症
状、特徴など比較しながら覚えましょう。レビー小体型認知症の特徴は、
幻視やパーキンソン症状(小刻み歩行など)が現れることで、試験でも問
われるポイントです。

05 認知症の原因疾患と症状（その他）

三大認知症以外の認知症と
認知症と間違えられやすい症状を学びます

三大認知症以外の認知症についても、いくつか見ておきましょう。

◆ 前頭側頭型認知症

前頭側頭葉変性症によって引き起こされる認知症です。「ピック病」が有名です。前頭葉と側頭葉のみが萎縮します。特徴的な症状としては、社会に反する行動（たとえば、万引きや暴言）を起こしてしまうことが多いです。記憶低下が軽度なため、万引きで捕まって初めて診断されることもあります。常同行動という、自分自身の決めごとを繰り返す行為もみられます。

◆ 慢性硬膜下血腫

頭をぶつけたことによって、硬膜の内側に血腫ができ、それが脳を圧迫して認知症の症状が出現するのが慢性硬膜下血腫です。これは血腫を取り除くと認知症の症状が改善することが多いので、「治る認知症」ともいわれます。

◆ 正常圧水頭症

正常圧水頭症は髄液が脳室に溜まることによって脳を圧迫し、認知症の症状が出現します。管を入れる手術（シャント手術）で脳室に髄液が溜まらないようにすると圧迫がなくなるので、こちらも「治る認知症」といわれます。

認知症と間違えられやすい「うつ病」と「せん妄」

うつ病は、意欲の低下がみられるので、認知症の行動・心理症状（BPSD）と間違えられることがあります。しかし、認知症との違いは、見当識があるということです。また、うつ病では、自分が病気であるという自覚（病識）もあるので、「何とかしなければ」という焦りがでます。

せん妄も幻覚や妄想がみられると、認知症と間違えられやすいです。せん妄は、そもそも「軽度の意識障害」です。それとは異なり、意識がはっきりしているにもかかわらず妄想が出現する認知症とは区別しましょう。

◎ その他の認知症の症状と特徴

● 前頭側頭型認知症（ピック病）

| 原因疾患 | ・前頭葉と側頭葉が萎縮する |

| 特徴 | ・人間性を欠く
・理性を失ってしまうような行動
　例：万引きなど |

● 慢性硬膜下血腫と正常圧水頭症

	慢性硬膜下血腫	正常圧水頭症
原因	・頭部打撲により硬膜下に血腫 ・脳を圧迫	脳室内に脳脊髄液が貯留 脳を圧迫
治療	手術による血腫の除去	余分な髄液を流すシャント手術

慢性硬膜下血腫のイメージ

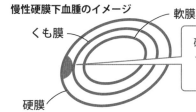

軟膜

くも膜

硬膜

硬膜の内側にできた血腫を取り除くと認知症の症状がなくなるので「治る認知症」といわれる！

◎ 認知症と間違えられやすい疾病

| うつ病 | 見当識、病識がある |

| せん妄 | 軽度な意識障害 |

認知症ではない！

📖 ワンポイント

前頭側頭型認知症や治る認知症も出ます

過去問では、前頭側頭型認知症の症状について、介護職員の対応が問われています。症状の特徴を理解しておきましょう。特徴の１つに人格の変化があり、理性的な行動を失ってしまうような行動（万引き等）が見られます。慢性硬膜下血腫と正常圧水頭症は治る認知症として覚えておきましょう。

06 認知機能検査・治療

検査方法には、評価スケールや画像検査、
治療方法には薬物療法と非薬物療法があります

認知症の検査方法

認知症の検査方法としては、評価スケールや画像検査などがあります。

評価スケールとして有名なものは、**長谷川式簡易知能評価スケール**です。年齢や日時、季節や計算など簡単な質問をし、点数化します。満点が30点となりますが、20点以下の場合、認知症疑いとなります。

MMSE（Mini-Mental State Examination：ミニ・メンタル・ステイト検査）も同様に質問をし、30点満点のうち23点以下で認知症疑いとなります。

認知症疑いとなった場合は、MRI（磁気共鳴画像）やCT（コンピュータ断層撮影）、SPECT（脳血流検査）などの画像診断検査を行います。そして、これらの結果をもとに医師が認知症かどうかを診断します。

質問法については、ネット上でも質問内容が見られるので、だれでも試すことができます。しかし、これが基準点以下であっても、すぐに認知症だと決めつけてはいけません。

認知症の治療には、薬物療法と非薬物療法がある

認知症は、その原因となる疾患が治癒しなければ、治りません。そのため、薬物療法の目的は「進行を遅らせる」「症状を緩和させる」ということです。

非薬物療法には、思い出話を話したり聞いたりすることによって認知症高齢者同士の交流を図る**回想法**、日付や場所を繰り返し質問する**現実見当識訓練**（リアリティオリエンテーション）、○○療法（運動・音楽・動物など）などがありますが、治療を目的としたものではなく、認知症高齢者の心身の安定を目的に行われます。

◎ 認知症の検査方法

● 長谷川式簡易知能評価スケール

・年齢や日時、季節や計算など簡単な質問

・30点満点。20点以下の場合、認知症疑いとなる

● MMSE（ミニ・メンタル・ステイト検査）

・見当識・記憶力・計算力・言語能力・図形的能力を含めた認知機能のテスト

・30点満点。23点以下で認知症疑いとなる

● 画像診断検査

・MRI（磁気共鳴画像）

・CT（コンピュータ断層撮影）

・SPECT（脳血流検査）

◎ 認知症の治療法

● 薬物療法（完治はしない）

● 非薬物療法（症状をやわらげる）

・回想法

・現実見当識訓練（リアリティオリエンテーション）など

・運動療法、音楽療法、動物療法など

長谷川式簡易知能評価スケールの例

1	お歳はいくつですか？（2年までの誤差は正解）			0　1
2	今日は何年　何月何日　ですか？何曜日　ですか？（年月日、曜日が正解でそれぞれ1点ずつ）	年		0　1
		月		0　1
		日		0　1
		曜日		0　1
3	私たちが今いるところは、どこですか？（自発的にでnames2点、5秒おいて家ですか？病院ですか？施設ですか？の中から正しい選択 各1点）			0　1　2

最終的に認知症の診断をするのは、医師です

ワンポイント

検査方法の数値基準は覚えなくて OK

評価スケールはインターネットなどで手に入れることができますが、その検査結果だけで認知症と診断することはできません。また、「何点以下で認知症疑い」という数値については覚えなくてよいのですが、検査の名称だけは覚えましょう。

BPSD の理解

認知症は高齢者の心身にも影響をおよぼします。
心理的症状と行動障害を把握しましょう

　認知症になると、記憶障害や見当識障害といった中核症状が先行して出現しますが、徐々に BPSD（行動・心理症状）も出現するようになります。そのうちの心理症状を具体的に見ていきましょう。

　認知症には妄想が多いといわれていますが、その中でも「○○を盗られた」などという被害妄想（もの盗られ妄想）はよく見られる症状です。

　たとえば、自分がどこかに財布を置き忘れ、娘さんに「財布はどこかな？」と尋ね、娘さんがその財布を見つけて持ってきたら、「私の財布を隠していただろう！」と怒り出すのです。あるいは、自分が大切にしていたモノを見つけられなかったときにも、「○○を隠しただろう！」と怒り出します。このような事象は記憶障害が進行することによって引き起こされます。妄想のほかにも、不安や抑うつ状態などが中核症状の進行に伴って増えてきます。

認知症の行動障害について

　心理的症状だけでなく、行動障害も出現します。たとえば、夕方になると、自宅にいるにもかかわらず「家に帰ります」と言い出す認知症高齢者は少なくありません。これは「**夕暮れ症候群**」とも呼ばれ、見当識障害によって引き起こされています。

　かつては、「徘徊」というと、「あてもなくうろうろと歩き回っている」と思われていました。しかし現在では、「理由があっての行動である」といわれるようになりました。ある高齢者は、「必ず早朝に家を出て、近所の小学校の前で立つ」という行動をしていました。その方は、小学校の校長を長らく務めていて、毎朝、子どもたちに挨拶するために校門に立っていたそうです。こうした事例もありますから、その人が過去にどのような仕事をしていたのか、というのもアセスメントしておくといいですね。

◎ 認知症がおよぼす心理的症状

感情	不安、気分の落ち込み、感情失禁
意欲	意欲低下、無関心、無気力、無為
知覚	幻覚、錯覚、幻視
思考	妄想、誤認（もの盗られ妄想など）
睡眠	日中の傾眠、夜間の不眠

認知症が進行すると、不安・抑うつが増えてきます

◎ 認知症の行動障害

徘徊
- 理由や目的が存在するもの
- 不安感などが誘因となるもの
- 夕暮れ症候群

　夕方から夜にかけて怒りっぽくなったり、家に帰りたがったりする

 行動の背景を理解する！

失禁
- 尿意、便意はある
- トイレの場所や使い方がわからなくなる（そのため間に合わない）

 行動を理解して対策を立てる

行動障害は、その行動に着目するより、その行動を起こしている背景について考えるとよいですね

📖✏ **ワンポイント**

膨大な BPSD は中核症状に関連させて覚えよう

認知症の BPSD に対する知識は、介護の現場においても重要です。認知症が進行することで生じる心理的な症状と行動障害についての理解は必須です。ただし、BPSD は膨大ですから、試験対策としてすべてを覚えておくのは困難です。中核症状を中心に、関連するものを覚えましょう。

でる度 ★★★

08 認知症に伴う生活への影響

認知症が与える生活への影響と
周囲の対応を学びます

　認知症は、その原因となる疾患が治らなければ、残念ながら根治すること
はありません。認知症を発症した際は、薬物療法と同時に非薬物療法、そし
て環境整備が重要となってきます。なぜなら、環境によって、BPSDの出現
を緩和させることが可能であるといわれているからです。

環境の変化が認知症患者に与える影響は？

　認知症の人に対しては、**周囲の受容が大切**です。認知症の人が何度も同じ
ことを言っていたとしても、「それ、さっきも聞きましたよ」と答えてはい
けないのです。認知症の症状を、ありのまま受け容れなければなりません。

　たとえば、ご飯を食べた後に「ご飯はまだかな？」と聞かれたときも同様
です。「さっき食べましたよ」と返答してしまうと、「私に食事を与えないつ
もりだな！」と怒り出してしまうかもしれません。このような場合は、「そ
うでしたか、少し待ってくださいね」などと、いったんその言葉を受け容れ
て、座って待ってもらうなどの対応をしましょう。

　お腹はいっぱいになっているはずですし、そうこうお話ししているうちに、
満足されて自室へ戻ったりするものです。「言葉を受け容れる＝再度食事を
提供する」ではないので注意してください。

　よく、「施設に入ると認知症が進行する」といわれます。認知症の人は、
環境の変化があると混乱をきたすことがあり、これを**トランスファーショッ
ク（リロケーションダメージ）**といいます。こうしたストレスを軽減するた
めに、これまで**慣れ親しんだ家具や見慣れたものを持ち込むことが効果的**で
す。また、何もせずにいる時間が長くなると、わからないこと、できないこ
とが増えてしまいます。BPSDが進行してしまうので注意しましょう。

第 **7** 章

障害の理解

「障害の理解」は苦手としている受験者が多いです。受験者は高齢者介護よりも障害者介護になじみがない人が多いからかもしれませんが、ここで無得点では、合格することができません。出題可能性の高い発達障害や肢体不自由（脳性マヒやパーキンソン病など）から学習を進めていきましょう！

01 障害の定義

身体・精神障害は法律で定義されていますが
知的障害に根拠法はありません

　一般的に障害は、**身体障害、知的障害、精神障害**の3つに分類されます。身体障害と精神障害については定義があるのですが、知的障害は、法律上、定義されていません。各法律についても見ていきましょう。

障害分類の3つの定義を押さえる

◆ 身体障害

　身体障害は、**身体障害者福祉法**によって定められています。身体障害は、「視覚障害」「聴覚又は平衡機能の障害」「音声機能、言語機能又はそしゃく機能の障害」「肢体不自由」「内部障害」の5つに分類され、それぞれに応じて**身体障害者手帳**が交付されます。法律上、身体障害者とは、「18歳以上で身体障害者手帳が交付された者」となっています。身体障害者手帳は、1級から6級まであり、1級が最重度となります。

◆ 知的障害

　知的障害者福祉法はありますが、そこには知的障害者の定義は定められていません。知的障害者更生相談所等で知的障害と判定された人に手帳が交付されるとされています。**療育手帳**（りょういくてちょう）と呼ばれていますが、地域によっては別名称の場合もあります。等級はA（重度）とB（その他）であり、地域によってA1・A2・B1・B2等と細分化されているところもあります。

◆ 精神障害

　精神保健及び精神障害者福祉に関する法律に定められています。「統合失調症、精神作用物質による急性中毒又はその依存症、知的障害その他の精神疾患を有するもの」が精神障害者と定義づけられており、**精神障害者保健福祉手帳**の等級は1級（重度）から3級（軽度）まであります。

◎ 障害者の定義

身体障害者	・「身体障害者福祉法」に規定 ・5分類 　①視覚障害 　②聴覚・平衡機能障害 　③音声・言語・そしゃく機能障害 　④肢体不自由 　⑤内部障害	身体障害者手帳の等級 1級 最重度 　〜 中度 6級 軽度
知的障害者	・「知的障害者福祉法」にいう知的障害者のうち18歳以上の者 ・法律上の定義はない ・知的障害を伴う発達障害	療育手帳 A（重度） B（その他） 地方自治体により細分化あり A1、A2、B1、B2など
精神障害者	・「精神保健及び精神障害者福祉に関する法律」に規定 ・知的障害がない発達障害	精神障害者保健福祉手帳の等級 1級 最重度 　〜 3級 軽度

◎ 身体障害者程度等級表の分類

視覚障害	
聴覚障害または平衡機能の障害	
音声・言語・そしゃく機能の障害	
肢体不自由	上肢・下肢・体幹
内部障害	心臓・腎臓、呼吸器 膀胱または直腸・小腸 HIV・肝臓

３つの障害分類と手帳等級は覚える必要があります。比較しながら覚えましょう

 ワンポイント

どの法律における定義なのかを意識しよう

ここでは、根拠法に照らし合わせて障害者の定義をまとめましたが、法律によって障害者の定義が異なります。試験では、どの法律の定義が問われているかを把握して解答しましょう。

02 障害者福祉の基本理念

ノーマライゼーションの広まりと
統合と包摂について学びます

ノーマライゼーションの世界的な広がり

デンマークのバンク・ミケルセンが「1959 年法」と呼ばれる法律に「ノーマライゼーションの思想」という言葉を入れたのを契機に、ノーマライゼーションの考え方が世界的に波及しました。

まず、同じ北欧のスウェーデンでは、ニィリエがノーマライゼーションの8つの原理をあげ、「ノーマライゼーションの育ての父」とも呼ばれるようになりました。その後、アメリカやカナダにも浸透し、日本に導入されたのは、1981 年の国際障害者年からであるといわれています。

インテグレーション（統合）とインクルージョン（包摂）

インテグレーションとインクルージョンは、それぞれいろいろな場面で使われますが、ここでは教育現場での考え方についてお話しします。

インテグレーションには、「統合教育」という意味があります。障害があってもなくても同じ場所で学びましょう、という考え方です。

たとえば、小6のA君（小3程度のIQ）がインテグレーションによって小6のクラスにずっといても、勉強がわからないため面白くないと思います。そうではなく、算数や国語などは小3レベルの指導をし、体育や給食などは一緒のクラスで受けるなど、A君のレベルに応じた教育が求められます。これらが**インクルーシブ教育**といわれるものです。

これは、障害があるなしの問題だけでなく、「**個に応じた教育**」として行われていることです。最初から「障害がある」と分けて考えるのではなく、一人ひとりに向き合った教育が求められます。すべての人間を包み込むのがインクルージョンです。

◎ ノーマライゼーションの概念

ノーマライゼーションの考え方とは？

障害のある人も、高齢者も、そうでない人も、
同じように社会で暮らしていけるようにしよう

バンク・ミケルセン（デンマーク）・・・ 生みの親

ニィリエ（スウェーデン）・・・ 育ての父

日本へ

1981年 国際障害者年

テーマ：完全参加と平等

◎ インテグレーションとインクルージョン

インテグレーション	インクルージョン
・統合教育 ・障害の有無にかかわらず、みな同じに	・合理的配慮 ・1人ひとり違った教育を

> インテグレーションは障害者が対象ですが、インクルージョンは高齢者や外国人も対象です

📖 ワンポイント

「カタカナ語」はよく出るので暗記が必須！

「ノーマライゼーション」や「インクルージョン」などのカタカナ語に苦手意識がありませんか？　よく出題される言葉ですから、この機会に理解しておきましょう。「インクルージョン」は「合理的配慮の考え方」と共通している部分もあって重要です。

03 視覚障害

視覚障害の原因となる疾患や
支援方法を理解しましょう

　視覚障害者は**身体障害者手帳**を取得している人になりますが、その程度等級表をみると、「視力」と「視野」が大きく関係しています。私たちのイメージでは、「視覚障害＝視力が低い人」でしょうが、実際は視野が狭い人も視覚障害となります。

　また、視力に関していうと、全く見えない人を全盲、少し見える（矯正視力で0.01など）人をロービジョン（弱視）といいます。

視覚障害を引き起こす原因疾患と支援方法

　生まれつき全盲の方もいますが、ここでは徐々に見えにくくなる疾患についてまとめておきます。

　まずは中途失明原因の第一位である緑内障です。眼圧の上昇によって引き起こされますが、日本人の場合、眼圧が正常でも緑内障となる（正常眼圧緑内障）ことがあります。

　また、糖尿病の合併症でおこる**糖尿病性網膜症**や**網膜色素変性症**なども失明する危険性があります。

　加齢に伴い増加する傾向がある**加齢黄斑変性**も近年増加している疾患です。

　白内障は有名ですが、今は日帰り手術で視力が回復します。

　視覚障害者は、白杖を使用していることが多いですが、盲導犬を連れている人もいます。歩行への援助（手引き）が必要となり、コミュニケーションは主に点字を使いますが、ロービジョンの方は、拡大読書器、メガネなども使用しています。

　いずれにせよ、視覚以外の感覚機能（聴覚や触覚など）に働きかける支援が必要となります。

◎ 視覚障害の種類

全盲	弱視（ロービジョン）
全く見えない	少し見える

視覚障害には視力と視野が関係しています

◎ 視覚障害の原因となる疾患

生まれつき	生まれつき全盲の人もいる
白内障	水晶体が白濁する。日帰り手術で視力回復
緑内障	眼圧上昇により失明の可能性あり。正常眼圧緑内障もある
網膜色素変性症	進行すると失明する場合がある
糖尿病性網膜症	糖尿病の合併症の１つ。視力低下や失明の原因
加齢黄斑変性症	黄斑に病変が起こり、視力低下や失明に至る

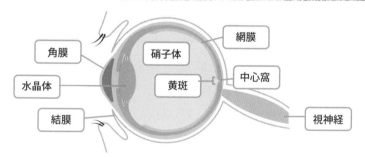

角膜　硝子体　網膜　黄斑　中心窩　水晶体　結膜　視神経

◎ 視覚障害者の支援方法

歩行	白杖の使用・盲導犬・手引き歩行等
コミュニケーション	点字、音声言語、弱視眼鏡、拡大読書器など

📖✏️ **ワンポイント**

視覚障害は事例問題で出る可能性があります

視覚障害を発症した理由は、試験にも出題されています。このあたりは事例問題などでも出題される可能性があるため、視覚障害の原因疾患と支援方法については、過去問もチェックしておきましょう。

04 聴覚障害

聴覚障害の原因となる疾患と
ろう者・難聴者の支援方法を理解しましょう

難聴の分類

聴覚障害には、ほとんど聞こえないろう者、聞こえにくいとされる難聴者に分かれます。また、耳のどの部分が悪くなって耳が聞こえにくくなっているかによって、難聴は分類されます。

外耳や中耳が悪くなって聞こえにくくなるものを**伝音性難聴**といいます。これは、「音を伝える」部分が障害されます。たとえば、耳垢が詰まってしまう**耳垢栓塞や中耳炎**などで起こります。原因疾患を取り除くと回復する可能性が高く、補聴器の使用効果が高いとされています。

内耳から奥の神経部分が悪くなり、聞こえにくくなるものを**感音性難聴**といいます。これは「音を感じる」部分が障害されます。神経が障害されてしまうと、今の医学では回復が不可能です。そのため、さらに進行していく可能性があり、かつ、補聴器の効果も得られにくくなります。

難聴者とのコミュニケーションのポイント

高齢者の難聴では、**高音域（高い音）が聴き取りにくくなっている**のが特徴です。そのため、正面から落ち着いて話しかけるのがポイントです。

ろう者のコミュニティは手話であるといわれますが、中途失聴の人などは手話を使えない場合も多いため、筆談なども用いることとなります。

また、電話はほぼ使用できないので、メールやSNS、FAXなどの活用をすることによってコミュニケーションをスムーズに行うことができます。

ただし、先天性のろう者の場合、健聴者と比較すると、文章の意味を理解しづらいという事情もあり、こちらが作成する文章は、より丁寧に、よりわかりやすいものであるように努めましょう。

◎ 聴覚障害者の分類

ろう者	ほとんど耳が聞こえない
難聴者	補聴器などの使用で少し聞こえる
中途失聴者	人生の途中から耳が聞こえなくなる

◎ 難聴の種類と特徴

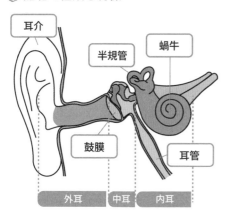

伝音性難聴

- 外耳や中耳の異常
- 音を伝える部分に障害
- 原因を取り除くことで症状が緩和
  例）耳垢塞栓（耳垢栓塞ともいう）

感音性難聴

- 内耳や聴神経の異常
- 音を感じる部分に障害
- 高齢者に多い
- 高音域での聴力低下
- 改善は見られず進行する

◎ 聴覚障害者の支援方法

相手が聞き取りやすい ・・・・正面からゆっくり話しかける

コミュニケーション　・・・・手紙、筆談、メール、FAXなど

➡ 文章を作成するときは、より丁寧に、よりわかりやすく！

📖 ワンポイント

高齢者に多いのは感音性難聴です

難聴に関する知識は、高齢者の介護の現場でも重要です。試験でも、この分野以外でも出題される可能性がありますから、「高齢者に多い難聴は感音性難聴」というのは暗記必須です。事例問題でも出題される可能性があるので、支援方法と併せて理解しておきましょう。

05 言語障害

言語障害の原因となる疾患と分類、
障害を持つ人への支援方法を理解しましょう

構音障害と失語症

　言語障害というと、「言葉が出ない」というイメージを持つ人が多いのではないでしょうか。しかし、「言葉は出るけれども不明瞭」「言葉は出るけれど、内容を理解できない」という場合もあり、幅広く捉える必要があります。

　不明瞭にしか話すことができない構音障害は、脳性麻痺の人などによく出現します。これは、脳の障害によるものが多いです。そのほかにも、口唇や口蓋などに障害があるために、うまく発声できないという場合もあります。

　また、脳血管障害などにより、脳の言語野が障害されると失語症になります。失語症には、発声はできても理解ができない感覚性失語（ウェルニッケ失語）と、理解ができても発声ができない運動性失語（ブローカ失語）があります。

言語障害のある人への支援方法のポイント

　運動性失語の人には、「はい」「いいえ」で答えてもらうクローズドクエスチョン（58ページ参照）でコミュニケーションを取るのが効果的です。言葉を出す代わりに、**ジェスチャーや筆談**を使うこともあります。

　感覚性失語の人には、言葉の理解が難しいケースがあるため、**イラストなどを使って**コミュニケーションをとるとよい場合があります。

　構音障害の人には、わかったふりをせず、繰り返し聞くとよいです。ただ、「何ですか？」と聞き返すと、相手が最初から繰り返さなければならないので負担になります。**聞き取れなかった部分だけを聞き返す**ようにするように心がけましょう。

◎ 構音障害と失語症の違い

● 構音障害

特徴

・話す機能の障害
・言葉は出るが、スムーズに話せない
・話の内容には、問題がない場合が多い

支援方法

・うなずきながら聞く
・聞き取った言葉を繰り返す
・聞き取れなかった部分だけを聞き返す
・筆談、五十音表、閉じられた質問を活用

● 失語症

感覚性失語 （ウェルニッケ失語）		運動性失語 （ブローカ失語）
できる ○	発声	できない ×
できない ×	内容の理解	できる ○
・ジェスチャーを活用する ・非言語的コミュニュケーションを活用する	支援方法	・閉じられた質問をする ・絵や写真を活用する

コミュニケーションするときの留意点

・静かで落ち着ける環境の提供
・利用者の疲労に注意
・短文で使いなれた言葉の使用
・ゆっくりと待つ姿勢でかかわる

聞き取れなくても繰り返し聞くことが大切です。わかったふりをして先に進むと、トラブルになりやすいです

ワンポイント

失語症と構音障害の違いを理解していますか？

「言語障害＝声が出ない」というイメージが強いのですが、声が出ないことだけが言語障害ではありません。特に、失語症と構音障害の違いを理解しておかなければ、事例問題などで引っかかってしまうおそれもあります。

06 肢体不自由
したい

肢体不自由の原因となる疾患や症状、
その支援方法を理解しましょう

　肢体不自由とは、麻痺や欠損などにより、上肢・下肢・体幹のはたらきがうまくいかない状態を指します。身体障害者手帳の程度等級表では、上肢障害・下肢障害・体幹障害・乳幼児期以前の非進行性の脳病変（脳性麻痺など）による運動機能障害に分類されています。

肢体不自由となる原因疾患は？

　脳性麻痺は、受胎から生後4週間以内になんらかの原因で生じた非進行性の脳病変です。

　脳性麻痺にはいくつかの種類がありますが、最も多いのが痙直型です。筋肉の緊張が激しく、関節の変形などがみられるのが特徴です。他には、自分の意思に反した動きをしてしまうアテトーゼ型や、それらが混じって出現する混合型などがあります。

　また、事故などによって脊髄を損傷してしまうことで肢体不自由になることもあります。脊髄は首から尾骨まで伸びている神経ですが、損傷が上のほうであればあるほど不自由になる部分が増えます。

　頸髄を損傷すると四肢麻痺になることが多いですが、腰髄を損傷すると下肢麻痺になります。また、脊髄損傷は、排便・排尿障害や発汗障害などの自律神経系の症状もみられます。

車いすの操作方法と杖歩行の介助方法を知っておこう

　下肢麻痺の人であれば、車いすを利用する場合が多いですから、車いすの部位の名称や操作方法を必ず覚えておきましょう。

　また、杖歩行を支援する際の基本となる介助方法（三動作歩行：杖→患側→健側）（116ページ参照）も確認しておきましょう。

◎ 肢体不自由の原因となる疾患

●脳性麻痺

・受胎から生後４週間以内に生じた非進行性の脳病変
・運動と姿勢の障害
・出生時に起こることが最も多い

病型	痙直型	・筋肉に力が入っている状態（筋緊張が亢進） ・関節が固定化
	アテトーゼ型	・無意識に手足が動いてしまう（不随意運動）

●脊髄損傷

・脊髄を損傷するとからだが動かなくなってしまう

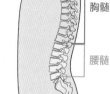

脊髄の種類

症状	留意点
運動・知覚障害	褥瘡が生じやすい
発汗障害	発汗されず、うつ熱が起こる
排便・排尿障害	尿路感染防止のため、水分摂取に留意
起立性低血圧	頭部を下げる
自律神経過反射	血圧の上昇など

頸髄

胸髄

腰髄

脊髄損傷の種類

頸髄損傷	四肢麻痺
胸髄損傷	下肢麻痺、体幹
腰髄損傷	下肢麻痺

脊髄は、上部を損傷するほど、より障害が重度になります

ワンポイント

脳性麻痺と脊髄損傷を押さえよう

肢体不自由になる原因はさまざまですが、試験対策としては、脳性麻痺と脊髄損傷について理解しておけばよいでしょう。脊髄損傷は損傷部位によって重症度が変わります。過去にも出題されていますので覚えておきましょう。

07 内部障害①
心臓・腎臓・呼吸器

心臓・腎臓・呼吸器機能障害の特徴と
支援方法を理解しましょう

内部障害とは、内蔵の疾患をまとめて指します。「身体障害者福祉法」の身体障害者程度等級表に定められている内臓疾患で、**心臓・腎臓・呼吸器・膀胱または直腸・小腸・ヒト免疫不全ウイルス（HIV）による免疫機能・肝臓の障害**があります。ここでは、それぞれの機能障害の特徴とその対応について見ていきます。

心臓・腎臓・呼吸器機能障害の特徴と支援方法

心臓には、全身に酸素を届けるために血液を送り出すポンプ機能があります。心臓に疾患を抱えていて、**ペースメーカー**（心臓に人工的に電気信号を送って、心拍の状態を正常に保つ機械）を装着している人がいますが、ペースメーカーを使用する場合、脈の管理などを行う必要があります。

腎臓には、体内の不要物を濾過する機能があります。そのため、腎臓が正常に働かなくなった場合、体内に老廃物がたまってしまうことになりますから、これを強制的に排出しなければなりません。それが**人工透析**です。人工透析には、**血液透析**と**腹膜透析**があります。また、腎臓機能障害のある方は、高カロリー低たんぱくなどの食事制限が必要となります。

肺や気管支などの呼吸器は、主に酸素と二酸化炭素のガス交換を行う器官です。主に喫煙が原因となる**慢性閉塞性肺疾患（COPD）**では、息苦しさなどを感じるため、鼻の下にカニューレと呼ばれるチューブを使って酸素を送り込む**在宅酸素療法（HOT）**が必要となる場合があります。在宅酸素療法を行っている人は火気厳禁のため、禁煙必須でガスコンロや石油ストーブにも近づかないようにします。カニューレを使用しているので、食事にも配慮が必要です。

◎ 心臓機能障害と腎臓機能障害

● 心臓機能障害の原因疾患と支援するときの留意点

主な原因疾患：虚血性心疾患（狭心症、心筋梗塞）、心不全

> **支援するときの留意点**

ペースメーカー装着者の脈の管理
呼吸器の状況に要注意！

ペースメーカー：心筋に直接電気刺激を与えて、
正常な拍動を保たせる装置

● 腎臓機能障害で重要になる人工透析の種類

透析の種類	血液透析	腹膜透析
通院	週2〜3回	月に1〜2回
1回あたり	4〜5時間	1.5時間程度 自宅にて液体を交換 （1日3〜4回）

※清潔管理の徹底。
腹膜炎などの感染症へ
の注意が必要

> 腎不全の人の食事は、高カロ
> リー＆低たんぱくです！

 **ワンポイント**

血液透析と腹膜透析の違いをつかもう

内部障害では、心臓や腎臓、直腸機能障害（次ページ参照）について
の出題が多いです。特に腎不全患者に対しての人工透析は、血液透
析と腹膜透析の違いを理解しておきましょう。

08 内部障害②
膀胱・大腸・HIV・肝臓

膀胱・大腸・HIV・肝臓機能障害の特徴と
支援方法を理解しましょう

膀胱・大腸・HIV・肝臓機能障害の特徴と支援方法

　膀胱摘出などで膀胱の機能がうまく果たせない場合や、大腸がんなどで大腸を一部切除した場合は、尿や便を別のところから排出しなければなりません。その場合に造設するのが**ストーマ（人工膀胱・人工肛門）**です。

　人工肛門については、造設された場所によって便の性状が変わります。大腸は水分を吸収するはたらきがありますので、大腸入口では水様便となります。そのため、大腸入口付近にストーマ（回腸ストーマ）を造設すると、そこから出る便は液状となります。直腸に近いS状結腸付近にストーマ（S状結腸ストーマ）を造設すると、ほぼ硬い便となります。ストーマから排泄された便は、**パウチ**という小さな袋に入り、介護職はそれの交換を行うことができます。また、ストーマを造設した人のことを**オストメイト**と呼び、最近では多目的トイレでもオストメイト対応のトイレが増えてきています。

　体内でHIV（ヒト免疫不全ウイルス）が増殖すると、免疫機能が大きく低下し、弱毒菌なども活性化することになります。HIVに感染し、厚生労働省が定める23の合併症のいずれかを発症すると、**AIDS（後天性免疫不全症候群）**と診断されます。「**HIV感染＝AIDSではない**」ので注意が必要です。

　肝臓の働きとしては、栄養分の貯蔵や代謝、有害物質の解毒、そして胆汁の分泌などがあります。肝臓機能障害の原因は、ウイルスの感染による**B型肝炎**や**C型肝炎**、**脂肪肝**、**肝炎**、**肝硬変**などが挙げられます。肝臓の解毒作用などが働かないと、むくみや黄疸、倦怠感などが出現します。肝硬変は、肝臓が硬く小さくなってしまいます。肝硬変は治癒せず、肝移植するしかありません。

◎ 結腸・直腸機能障害で使用されるストーマ

ストーマの種類	便の性状	排泄回数
回腸ストーマ	液状便	持続的に排泄
上行結腸ストーマ	液状〜粥状便	多い
横行結腸ストーマ	粥状便〜軟便	多い
下行結腸ストーマ	軟便〜固形便	多い
S状結腸ストーマ	硬便	少ない

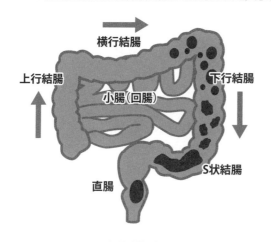

横行結腸

上行結腸

小腸（回腸）

下行結腸

S状結腸

直腸

ストーマを造設する場所で、便の形状が変わります

ワンポイント

人工肛門の位置で便の性状は変わります

腸（主に大腸）に造設する人工肛門（消化管ストーマ）は、位置によって便の性状が変化します。これは、大腸が水分を吸収する臓器であるためです。たとえば、回腸ストーマは小腸に造設する人工肛門ですから、水分はほとんど吸収されません。よって、液状便となります。このように覚えると頭に入りやすいです。

09 精神障害

精神障害の種類と特徴を知り、
介護時に留意点を理解しておきましょう

　精神障害は、統合失調症や気分障害など、発症の原因が解明されていない**内因性精神障害**、外傷やアルコール、薬物によって起こる**外因性精神障害**、そして神経症やパーソナリティ障害など、ストレスや性格的な要因で起こる**心因性精神障害**に分類されます。ここでは、出題されやすい精神障害について見ていきます。

統合失調症・うつ病などの特徴と介護のポイント

◆ 統合失調症の特徴

　統合失調症は、**思春期に発症する**ことが多い原因不明の疾患です。精神障害の入院患者において、最も多い原因疾患です。幻覚や妄想などの**陽性症状**と、意欲の欠如などの陰性症状があります。統合失調症では、幻聴が多いといわれ、これによって恐怖や不安を感じる人も多く存在します。

◆ うつ病などの気分障害への対応は？

　気分が落ち込むことを抑うつ状態といいますが、頭痛や不眠などの身体症状も呈し、日常生活に支障をきたす状態がうつ病といわれるものです。また、双極性感情障害（いわゆる「躁うつ病」）も気分障害に含まれます。

　うつ病の人へは、「ガンバレ」などの励ましの言葉は、本人を追い詰めることになるので避けます。また、**自殺念慮**（死にたい気持ち）が出ることがあるので注意する必要があります。**高齢者では、認知症の症状と似ている**ケースがあることを覚えておきましょう。

◆ 精神障害者への介護は？

　薬物療法をとることが多いため、服薬ができているかの確認を行います。受容・傾聴・共感ですが、統合失調症の人には、否定も肯定もせず、**中立的な態度で臨む**ことが求められます。

◎ 精神障害の原因疾患と特徴・支援の方法

● 統合失調症

青年期に多く発症する原因不明の疾患

陽性症状	妄想、幻覚など	例	自分が神である　など
陰性症状	意欲の欠如・自閉など	例	他者とコミュニケーションをとらなくなる　など

● 気分障害

うつ病	・抑うつ状態で、身体症状も呈し、日常生活に支障をきたす ・自殺念慮などを持つ
躁病	・高揚した気分が続く
双極性感情障害	・躁うつ病 ・高揚した気分と憂うつな気分を繰り返す

うつ病に関する留意点

・励ましはダメ

・薬物治療が必要。医師による専門的な治療を受ける必要がある

・認知症との鑑別が難しい。見当識があるかないかで見極める

◆ 精神障害者への支援のポイント

・医学的見地から薬学的治療が必要

・薬の服用ができているかを確認（勝手に薬をやめないようにする）

・受容、傾聴、共感が重要

ワンポイント

統合失調症とうつ病は要チェック！

統合失調症や気分障害(特に、うつ病)がよく出ます。統合失調症の特徴的な症状と青年期での発症が多いことを覚えておきましょう。うつ病は、他の分野での出題もありますので、症状と支援方法を中心に覚えましょう。

でる度 ★★★

10 高次脳機能障害

高次脳機能障害の原因と症状を知り、
その支援を理解しましょう

　高次脳機能障害とは、脳卒中などの脳血管疾患や事故などによって脳が損傷し、さまざまな症状が出ることによって、日常生活に支障が出る障害を指します。

高次脳機能障害の症状と認知症との違い

　高次脳機能障害のうち、新しいことが覚えられないのが**記憶障害**です。ほかにも、作業を長く続けられない**注意障害**、計画がうまく立てられない**遂行機能障害**、感情がうまく抑えられないなどの**社会的行動障害**があります。

　また、脳卒中などでは、患側（障害のある側）に注意を向けられず、モノがあるにもかかわらず認識できないという**半側空間無視**などがあります。

　高次脳機能障害は、認知症と同じような症状が出現するため、認知症と間違えられることがあります。80歳の人に記憶障害の症状が見られると、周囲の人は「認知症になったかな？」と思いがちです。ですが、高次脳機能障害と認知症の違いは、進行性であるかどうかです。高次脳機能障害は進行性の病気ではありません。逆に認知症は進行するため、間違えないようにしましょう。

　高次脳機能障害の人は、障害者手帳を取得して、公的な支援制度を利用することができます。精神保健福祉法に基づき、**精神障害者保健福祉手帳**を取得することができるのです。

　高次脳機能障害は、外見から障害の有無がわかりにくいですから、本人だけでなく、周囲の人にも障害の内容を知ってもらうことが重要です。また、若くして高次脳機能障害になると、収入の減少やローンの返済など、経済的な困難を抱えることもあります。身体的精神的支援のみでなく、広範囲にわたっての支援が必要となってきます。

◉ 高次脳機能障害の症状と支援のポイント

◆高次脳機能障害とは？

- 事故などにより脳にダメージを受け、さまざまな機能が障害され、日常生活に支障が出る
- 認知症とは異なり、進行性ではない
- 精神障害者保健福祉手帳の交付の対象

◆高次脳機能障害の症状

記憶障害	新しいことを忘れる
注意障害	1つのことに集中できなくなる
遂行機能障害	計画を立て実行や状況判断ができない
社会的行動障害	自己中心的になる・暴言を吐く
半側空間無視	脳卒中などで患側に注意が向けられない

◆高次脳機能障害の人に対する支援のポイント

- 職場適応援助者（ジョブコーチ）が必要
（就労や職場復帰のためにアドバイスしてくれる人） ➡ 若いと職場復帰が必要

- かかわる支援者が代わっても同じ方法で支援 ➡ 段取りが変わると混乱する

- 説明は簡潔、かつ具体的に ➡ 抽象的な言葉や口頭では理解しにくい

認知症の症状と似ているので注意しましょう！

ワンポイント

高次脳機能障害と認知症の見分け方を教えます

高次脳機能障害は、認知症の症状と似ている症状が多いですよね。見分けるポイントは、「高次脳機能障害は脳の損傷の時期が明らかであること」と「進行性でないこと」が認知症との違いです。

11 発達障害

発達障害の原因と症状を知り、
その支援について理解しましょう

発達障害は、脳の機能障害です。かつては、「親のしつけが悪い」などと言われることもありましたが、しつけとは関係のないことがわかっています。発達障害の分類と症状を正しく覚えましょう。

発達障害の種類と特徴、支援のポイントは？

◆ 自閉スペクトラム症（ASD）

自閉スペクトラム症は、女性よりも男性に多い発達障害で、主に３つの特徴的な障害があります。①人と目を合わせにくい、友だちがつくりにくいなどとして出現する社会性の障害、②言葉を発することができないなどのコミュニケーションの障害、③抽象的な概念が理解できない、同じことを繰り返し行うこと（常同行動）を好むなどの想像力の障害の３つです。

◆ 学習障害（LD）

学習障害と聞くと、「勉強ができない人」とイメージしがちですが、**知的障害は伴いません**。

学習能力（聞く、話す、読む、書く、計算するなど）のうち、**特定の能力に障害**が見られます。たとえば、文字がゆがんで見えてスラスラ読むことができない、計算が苦手であるなどが挙げられます。

◆ 注意欠如多動症（ＡＤＨＤ）
（けつじょ）

注意欠如多動症は、集中力がないという**不注意**、順番が待てないなどの**多動性**、**衝動性**が特徴として挙げられます。そのため、落ち着きなく動き回っているなどの行動が見られます。

発達障害は、それぞれが併存する可能性があります。一人ひとりの障害の内容を理解したうえで支援することが求められます。

◎ 発達障害の種類と特徴

◆発達障害とは？

- ・脳の機能の障害。発達のバランスが悪い
- ・障害が重複している場合もある。さらに知的障害を伴うこともある
  ※「障害」とは「日常生活に支障をきたすか、きたさないか」である

介護するときの留意点

- ・**同時に2つの情報を出さない** ‥‥‥ 一度に出すとわからなくなる
- ・**変化に対する不安がある** ‥‥‥‥ 変化がある場合は予告する
- ・**抽象化が苦手** ‥‥‥‥‥‥‥ 具体的に話す、メモを渡して説明する
- ・**感覚過敏の場合がある** ‥‥‥‥ それぞれに対応する

●自閉スペクトラム症（ASD）

三大特徴	①**社会性の障害**	仲間をつくるのが苦手
	②**コミュニケーションの障害**	言葉が出ない
	③**想像力の障害**	同じ事の繰り返しを好む（常同行動）

［その他の特徴］・好きなことには集中　・知的障害の有無などで分類
　　　　　　　・女性より男性に多い　・大人になって治るものではない
　　　　　　　・人と目を合わせず、ひとり遊びをする

●学習障害（LD）

- ・知的障害は伴わない
- ・特定の学習能力のどれかに障害がある
  （話す、書く、読む、計算など）

> 「学習障害」は「限局性学習症」ともいいます。ここではわかりやすく「学習障害」と呼んでいますが、両方とも覚えてください

●注意欠如多動症（ADHD）

特徴的な行動障害	不注意	集中力がない
	多動性	落ちつきがない
	衝動性	順番が待てない

 ワンポイント

学習障害に知的障害はともないません

毎年、試験に必ず出題されるのが発達障害です。3つの発達障害はそれぞれ覚えておきましょう。「学習障害（限局性学習症）」については、知的障害を伴わない」というのもポイントです。

12 知的障害・難病

知的障害の分類と診断基準、
難病の定義を理解しましょう

　知的障害の定義について、法律では規定されていませんが、「18歳頃までに知的機能が正常に発達しない状態で、日常生活に支障をきたす状態」のように定められていることが多いです。「18歳頃まで」とすることで、認知症との区別ができます。

　ダウン症候群とは、染色体の数が異なる（本来は2本であるものが、21番目の染色体のみ3本ある）ことにより、知的障害などが出現する先天性の疾患です。

　知的障害をIQ（知能指数）で測ることがありますが、IQは検査等で算出されるため、検査を受けるときの状態や体調に左右されることがあります。よって、IQと日常生活の状態などを勘案して診断されます。また、WHOは一つの基準として、IQ70未満を知的障害と分類しています。

難病と障害者総合支援法における対象疾病は？

　治療方法が確立していない病気を難病と呼びます。2015（平成27）年1月に施行された「難病の患者に対する医療等に関する法律」（以下「難病法」）では、「**発病の機構が明らかでなく、**かつ、**治療方法が確立していない希少な疾病**であって、当該疾病にかかることにより**長期にわたり療養を必要とすることとなるもの**」と定義されています。難病法では、医療助成の対象となる指定難病を338（令和3年11月1日施行）と定めています。

　障害者総合支援法では366の疾病が対象となっています（令和3年11月1日適用）。重複していたり独自のものがあったりしますが、数字はそれぞれ覚えておくとよいでしょう。

　難病には、筋萎縮性側索硬化症（ALS）や筋ジストロフィー、潰瘍性大腸炎、ベーチェット病、脊髄小脳変性症などがあります。

◎ 知的障害とは？

・個別の法律による定義はない
・18歳までに定型発達しない（主に脳）先天性の障害

原因

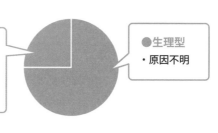

●病理型
・染色体異常（ダウン症候群など）
・胎児期の感染症
・発育期に何らかのダメージ

●生理型
・原因不明

◎ IQ（知能指数）の基準

・定型発達（年齢に応じた知能を獲得する）を測定
・知能テストにより、測定した知能の状態で分類

WHOでは			日本では
軽度	IQ 69〜50	自立可能	IQ 65〜75が知的障害の境界線 ただし、 IQだけでは判断しない 　（気分や調子で変化するため）
中等度	IQ 49〜35	おおむね自立	
重度	IQ 34〜20	部分的には自立可能	
最重度	IQ 19以下	自立できない	

◎ 難病と認められる疾病の数

難病法 医療助成の対象となる指定難病	障害者総合支援法 対象疾病
338疾病	366疾病

📖✏️ ワンポイント

ダウン症は試験でよく出ます

知的障害の多くは原因不明です。その中で出題されやすいのがダウン症です。また、IQについては70を基準としていますが、単に数値だけで判断するのではなく、日常生活に支障をきたすかどうかで診断されます。難病の名称は、試験対策としては覚える必要はありません。

13 障害のある人の心理と家族への支援

後天性の障害（中途障害）について
受容の過程を理解しましょう

　障害には、生まれつきの障害（先天性）と人生の途中で障害を負うケース（後天性）があります。障害の内容は同じでも、その人の心理状態は大きく変わってくることを理解しましょう。

障害受容のプロセスは人それぞれ。家族への支援も重要

　後天性（中途障害）の場合は、障害を負ったことに対して現実から目をそらしてしまい、受け入れられなかったりすることが多いのですが、受傷年齢や性格などによってその時期が大きく変わるといわれています。ここでは一般的な障害受容の過程についてまとめます。

　まず、受傷したことによるショック（ショック期）がスタートです。残るかもしれない障害を冷静に受け止めることができない時期です。そして治療が一段落しても、残るかもしれない障害を否定する時期（否定期）、抑うつ状態などを示す時期（混乱期）と進行していきます。その後徐々に障害を受容する過程（解決への努力期）から受容期へと進みます。

　しかし、この障害受容は、この順序通りに進むとは限りません。解決への努力期まで進んで、また否定期に戻る人もいます。あるいは、受容期にいた人が否定期に戻る場合もあります。人それぞれの過程があるのです。

　中途障害では、家族が障害を受容するための支援も必要です。場合によっては、心理的側面だけではなく、経済的側面、環境的側面の支援も必要になるでしょう。「家族心理教育プログラム」（適切な対応などを学べるセミナーや家族へのカウンセリング）の活用も考えましょう。また、介護による負担も増えるため、レスパイトケア（介護負担軽減）を取り入れるのが現実的です。具体的には、デイサービスやショートステイなどの福祉サービスを利用します。

第 8 章

医療的ケア

「医療的ケア」からは、介護福祉士実務者研修の演習で
体験したことも出題されるため、得点しやすい科目と
いえます。バイタルサインや感染予防は他の科目でも
出題される可能性がありますので、ここで覚えましょ
う。

01 医療的ケア実施の基礎

介護職が医療的ケアを実施できる根拠は
「社会福祉士及び介護福祉士法」です

　医療行為の中で、利用者の日常生活に必要不可欠な喀痰吸引と経管栄養については一定の条件のもと、介護職員等が行うことができるようになりました。これは「社会福祉士及び介護福祉士法」の改正（平成24年4月から）で実現しました。

　介護職ができる医療的ケアの喀痰吸引には、口腔内吸引・鼻腔内吸引・気管カニューレ内部の吸引があり、経管栄養には、胃ろう・腸ろう・経鼻経管栄養があります。

医療的ケアを行うには、研修の修了と登録が必要

　介護職員が医療的ケアを行うためには、**登録研修機関等が実施する研修を修了**しなければなりません。しかし、修了証明書があれば、すぐに実施できるわけではなく、**都道府県への登録**が必要となります。

　登録をすると、認定特定行為業務従事者認定証（以下「認定証」）が交付されます。その認定証は、不特定多数の者を対象にすべての行為ができる第1号、不特定多数の者を対象に一部の行為ができる第2号、そして特定の者に特定の行為ができる第3号があります。

　そして、介護職員だけなく、**事業者も「喀痰吸引等事業者」としての登録が必要**です。介護職員が研修修了し、認定証の交付を受けるとともに、施設を運営する事業者も都道府県に登録します。その際には、医療関係者ときちんと連携できているか、感染症の予防対策などがされているかなど、事業者にも一定の要件が求められることになります。

　介護職員と事業者の登録が完了したら、**医師の指示や利用者の同意**を得て、医療的ケアを行うことができるようになります。

●社会福祉士および介護福祉士法で実施可能な行為

喀痰吸引	口腔内の喀痰吸引
	鼻腔内の喀痰吸引
	気管カニューレ内部の喀痰吸引
経管栄養	胃ろう・腸ろう
	経鼻経管栄養

●認定特定行為業務従事者認定証の種類

第1号	不特定多数の者	に	すべての行為	ができる
第2号	不特定多数の者	に	一部の行為	ができる
第3号	特定の者	に	特定の行為	ができる

第3号は対象者、対象行為ごとに認定証が発行されることになります！

◎ 医療的ケアを行うためのしくみ

研修修了	→	都道府県に登録	→	認定証の交付

都道府県に登録された事業者で行うものだけが有効となる

ワンポイント

法律や制度は確実に押さえよう

法律や制度を覚えることに苦手意識があっても、ここでは覚えなければいけません。医療的ケアは5問しかありませんので、確実に点数を取りにいきましょう。もちろん現場でも役に立つ知識ですから、この機会に頭に入れておきましょう。

02 救急蘇生法

救急蘇生に一次救命は重要です。
処置の手順について確認しておきましょう

　救急蘇生とは、何らかの理由で、心停止やそれに近い状態になったときに、胸骨圧迫や人工呼吸などの処置を行って救命を試みることです。

一次救命の意義と方法、留意点

◆ カーラーの救命曲線

　一次救命が必要な理由は、カーラーの救命曲線を見ればわかります。心臓が停止して3分で死亡率が約50%となり、呼吸停止後10分で死亡率が約50%となります。これは、「何もしないで放置すれば、心停止3分後、呼吸停止10分後で半数は亡くなってしまう」ことを意味します。

　救急車を呼んでもすぐには到着しません。到着までに私たちが行うことが一次救命処置です。

◆ 胸骨圧迫、人工呼吸とAED

「JRC蘇生ガイドライン2020」によると、まず、呼吸がない場合は「ただちに胸骨圧迫（心臓マッサージ）を行う」とされています。成人では1分間あたり100～120回以上を絶え間なく行います。また、人工呼吸がためらわれる場合は胸骨圧迫のみを行うことでよいとされます（行う場合は胸骨圧迫30回に対して人工呼吸2回の比で繰り返し行う）。

　AED（自動体外式除細動器）は電気ショックを与えるために必要です。電極をからだにつけることで、自動的に電気ショックが必要かどうかを判断してくれます。

◆ その他の処置

　誤飲などで気道が塞がれている場合、異物を取り除かなければなりません。背中を叩く背部叩打法や胃の下を圧迫するハイムリック法などがあります。ハイムリック法は、妊婦や乳児には行ってはいけません。

◎救急蘇生の重要性

●カーラーの救命曲線

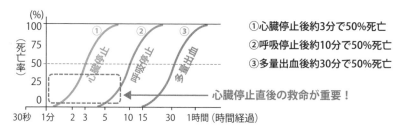

①心臓停止後約3分で50%死亡

②呼吸停止後約10分で50%死亡

③多量出血後約30分で50%死亡

心臓停止直後の救命が重要！

●一次救命の方法

胸骨圧迫	1分間に100〜120回のペース
人工呼吸 （マウストゥマウス）	気道確保したうえで1秒かけて息を吹き込む×2回
AED （自動体外式除細動器）	パッドを貼りつけ、音声の指示にしたがう

●気道にものが詰まった場合

背部叩打法
（はいぶこう だ）

手のひらで肩甲骨の中間あたりを叩く

ハイムリック法（腹部突き上げ法）

両手を腹部に回して、片方の手をこぶしにして、胃の下あたりを圧迫する（妊婦や1歳未満の乳児には行えない）

📖 ワンポイント

一次救命処置次第で命は助かります

一次救命処置は大変重要です。みなさんは施設等で緊急時に遭遇する可能性があります。そこで正しく一次救命処置を行えるよう定期的な施設内での研修を実施し、医療職と連携してください。

03 清潔保持と感染予防

でる度 ★★☆

感染予防策には、標準予防策や
消毒・滅菌などがあります

標準予防策とは？

　標準予防策（スタンダードプリコーション）とは感染症や疾患の有無にかかわらず、排泄物や血液、体液などに**誰もが保菌していることを前提**として適応される感染予防策です。

　医療職や介護職のみが行っていることではなく、一般の人が日常的に手洗いをしたり、マスクをすることも含まれています。また、ゴーグルやガウンを用いること、消毒処理などもスタンダードプリコーションに含まれます。

　手洗いには、石けんなどを用いて行う日常的手洗い、常在菌の除去を目的としてアルコールなどを用いて行う衛生学的手洗いなどがあります。

感染予防のための消毒と滅菌

　消毒とは、病原性の微生物の感染性をなくす、数を減らすことをいい、一般的には消毒をしておくだけでよいとされています。

　しかし、喀痰吸引で気管カニューレ内部の吸引を行う場合などに用いるカテーテルには、病原性であるかどうかにかかわらず、微生物がつくことは許されません。このように、すべての微生物を死滅、または除去することを滅菌と呼んでいます。滅菌は専門的な施設・設備で行われることになります。消毒と滅菌の違いを覚えておきましょう。

　熱水で死滅する菌もありますが、多くは**アルコール**などの薬剤を使います。熱水では、80℃で10分程度のすすぎが必要となります。

　また、アルコールでも死滅しないノロウイルスなどに対しては、次亜塩素酸ナトリウム（0.02％等）を使用することもあります。

◎ 標準予防策（スタンダードプリコーション）〔一部〕

方法	必要な状況など
手洗い・消毒	血液、体液、排泄物に接触する前後
手袋	血液、体液、排泄物に接触する前後
マスク・ゴーグル	飛沫（飛び散る）可能性のあるとき

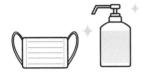

すべての対象物に感染源がある
と考えて対応していきます

◎ 消毒と滅菌

消毒	病原性の菌（細菌・ウイルスなど）の感染性をなくす、数を減らす
滅菌	すべての菌（細菌・ウイルスなど）を死滅させる

◎ 消毒の方法

熱水消毒	80℃で10分程度	
消毒液	アルコール	一般的な消毒
	次亜塩素酸ナトリウム	ノロウイルスなど

📖✎ **ワンポイント**

感染症対策は他分野でも出ます！

介護保険法の改正によって、それぞれの事業者・施設で、感染およびまん延の予防に関して、6カ月に1回（施設では3カ月に1回）会議を開催することが義務化されました。感染症の予防にはスタンダードプリコーションの理解と感染経路の把握が重要ですね。

バイタルサイン

体温・脈拍・血圧・呼吸などがバイタルサインです。
測定法や正常値を学びましょう

バイタルサインを日本語にすると「生命兆候（生きているしるし）」となります。実際はたくさんの種類がありますが、医学的には体温・脈拍・血圧・呼吸などを指すことが多いです。

介護の現場で使われるバイタルサインと正常値

◆ 体温

体温は、一般的に37℃以上が高体温とされますが、まずはその人の平熱を知ることが重要です。平熱が35℃の人であれば36.5℃でも熱っぽく感じるでしょうし、平熱が36℃の人は平気であるかもしれません。体温は、わきの下（腋窩）や口腔内などで測定します。

◆ 脈拍

脈拍は1分間に60～100回が正常値といわれます。重度の徐脈はペースメーカー（198ページ参照）の適応となります。また、脈拍は手首（橈骨動脈）で測ることがほとんどですが、首（総頸動脈）や太もも（大腿動脈）でも測ることができます。

◆ 血圧

血圧は、最高血圧140mmHg未満、最低血圧90mmHg未満がWHOの定義では適正とされています。血圧は上腕部にマンシェットを巻いて測定します。

◆ 呼吸

呼吸は、1分間に12回～18回で規則的であることが正常とされます。呼吸は意識的に変えることができるので、利用者に測定していることを気づかれないようにする必要があります。

◎ 介護の現場で使われるバイタルサイン

●体温

正常値	37℃未満
測定箇所	わきの下 外耳 口腔内 など

●脈拍

正常値	60〜100回／分
測定箇所	橈骨動脈（手首） 総頸動脈（首） 上腕動脈（肘の内側）

●血圧

正常値	最高血圧140mmHg未満 最低血圧90mmHg未満
測定箇所	上腕 手首

●呼吸

正常値	12〜18回／分

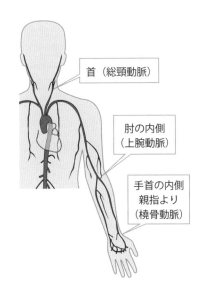

首（総頸動脈）

肘の内側
（上腕動脈）

手首の内側
親指より
（橈骨動脈）

バイタルサインが何を
意味しているかを正し
く理解しましょう

ワンポイント

バイタルサインの正常値は覚えなくても OK

バイタルサインは「どういうものがあるか」は覚える必要があります
が、それぞれの数値（正常値）まで覚える必要はありません。たとえ
ば「血圧の正常値は、年齢によって異なる」という見解もあり、数値
まで試験に出題される可能性は少ないからです。

05 喀痰吸引の基礎的知識

自力で痰を排出できない場合は
カニューレ等を使って喀痰吸引を行います

　喀痰吸引とは、のどや器官に溜まった痰を自力で排出できない場合、カニューレ等の用具を使って、痰を吸引することです。ここでは喀痰吸引を行う前に知っておきたい知識についてまとめています。

◆ 痰の性状

　痰は、**無色透明でやや粘り気のあるものが正常です。**痰の性状が、赤や黄色などに濁っている、粘り気が多すぎるという場合は、感染症の可能性があります。

◆ 喀痰吸引の注意点

　喀痰吸引には医師の指示書が必要です（これは、医療的ケア全般に言えることです）。また、**チューブ挿入の深さや挿入時間、そして吸引をするための圧力（吸引圧）を厳守しなければなりません。**これらはすべて医師の指示書に書かれています。

人工呼吸療法をしている人には、さらに注意が必要

　人工呼吸療法には、気管切開をし、気管カニューレを挿入し人工呼吸器と接続して行う**侵襲的人工呼吸療法**と、口鼻マスクなどを装着して行う**非侵襲的人工呼吸療法**があります。

　この治療下にあるのは、ともに喀痰吸引が必要な人ですが、侵襲的人工呼吸療法を行っている人へ気管カニューレ内部の喀痰吸引を行う際は、一時的に接続部を外さなければなりません。このとき、自発呼吸がないため、吸引時間に注意しなければなりません。

　非侵襲的人工呼吸療法をしている人は自発呼吸が不安定ですが、口腔内および鼻腔内の吸引を行う場合は、マスクをいったん外す必要があります。

◎ 喀痰吸引の基本的な知識

● 痰の性状

	正常	異常
色	透明からやや白い	強いにごり：感染症 ピンク：肺水腫など 暗赤色：肺がんなど
粘性	やや粘りがある	強い粘り：ウイルス感染 サラサラ：気管支喘息など

喀痰吸引の注意点：それぞれの吸引の深さと時間に注意！

口腔内（咽頭の手前まで）　　　　　鼻腔内（咽頭の手前まで）

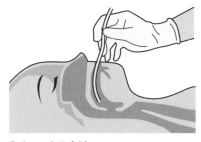 

● 人工呼吸療法

非侵襲的人工呼吸療法　　　　　侵襲的人工呼吸療法

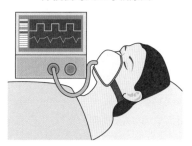 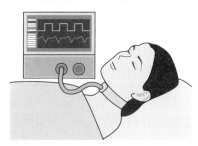

📖✍️ **ワンポイント**

痰の性状を見極めましょう

喀痰吸引では、正常な痰ばかりを吸引するわけではありません。上の表にある通り、痰の性状によっては、疾患の初期症状である可能性もあります。まずは、利用者の正常な痰の状態を知って、それと異なる色や粘りがあれば、なんらかの異常のサインだと理解しましょう。

06 喀痰吸引の実施手順

喀痰吸引の流れや器具の洗浄方法
を理解しましょう

喀痰吸引をする際は、さまざまな器具を使用します。入浴や排泄などの介助では使用しないものも多くありますので、ここで覚えておきましょう。

喀痰吸引で使用する器具の種類と吸引の流れ

痰をためる吸引器には、電動の吸引器と手動の吸引器があります。通常、電動の吸引器を使うことがほとんどですが、停電等に備えて手動のものも用意し、使えるようにしておきましょう。

口や鼻に挿入する吸引チューブは、細くてやわらかいです。利用者によって太さが異なること、挿入の深さなども違いますから注意してください。

吸引チューブの内部を洗浄する水は、口腔内および鼻腔内では水道水でよいのですが、気管カニューレ内部については滅菌精製水で行う必要があります。また、その吸引チューブの保存方法は、乾燥させてふた付きの容器に保存する乾燥法と、消毒液につけて保存する浸漬法があります。その他、必要に応じて使い捨て手袋やセッシ（吸引チューブをはさんで持つピンセット状の器具）なども用います。

喀痰吸引の実施前には、利用者の状態や清潔管理の確認をします。そして、吸引圧の確認も確実に行います。

利用者に声かけをしながら挿入し、ゆっくり回しながら吸引をします。吸引終了後、吸引チューブの外側を綿などで（気管カニューレ内部の場合は洗浄綿で）拭き取り、洗浄水を吸引し吸引チューブの内部の汚れを落とします。

痰の性状に異常がないかどうかを確認し、吸引器の瓶に70%〜80%溜まったら捨てるようにします。当然ですが、利用者の様子に変調がないかどうかの確認も常に行う必要があります。

◎ 喀痰吸引に必要な器具類

吸引器（電動）

吸引器（手動）

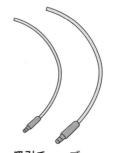

吸引チューブ
（さまざまな長さ・太さがある）

● チューブの保存方法

浸漬法
シャーレの中に入れる

乾燥法
ビーカーの中に入れる

◎ 喀痰吸引の順序

①**清潔・確認**　手袋をつける、吸引圧の確認など

②**挿入・吸引**　酸素マスクを外す、ゆっくり挿入

③**抜去**（ばっきょ）　チューブを回転させながら抜く、酸素マスクの装着

④**清潔・確認**　チューブの内外の清掃、手袋を外す、利用者の状態を確認

ワンポイント

最低限の必要備品は覚えておこう

実務者研修の演習や利用者宅で見る機会が多いかもしれませんが、喀痰吸引で使う備品には、さまざまな形状のものがあります。必要となる備品類は覚えておきましょう。

07 経管栄養の基礎的知識

経管栄養を実施する際の
基礎的知識を整理しておきましょう

　経管栄養とは、口から食事を摂ることができない、または口からの摂取だけでは栄養分が不足する利用者に対し、消化管内にチューブを挿入して栄養剤（流動食）を注入することです。主に、嚥下困難の人や進行性疾患（筋ジストロフィーや ALS）の人が対象者となります。

経管栄養を実施する際の注意点

　経管栄養で使用する栄養剤の種類には、食品タイプと医薬品タイプがあり、ともに使用するためには医師の指示が必要ですが、**医薬品タイプには処方箋が必要**です。

　経管栄養の方法は、点滴のように注入する方法（滴下〈てきか〉）と、ドロドロの栄養剤をカテーテルチップシリンジや加圧バックで注入する方法（半固形）があります。滴下の場合は時間をかけて行いますが、半固形は短時間で栄養剤を注入することになります。両方とも消化不良が起こったり、逆流してしまったりすることがあるため、注入中と注入後の観察は重要です。

　また、逆流防止のため、注入中は**上半身を 30 度～ 45 度上げた状態**で行います。さらに注入後においても、**30 分～ 1 時間はその状態を維持**します（注入を終えてすぐに消化・吸収されるわけではないためです）。そもそも経管栄養の利用者は嚥下困難の人が多いため、逆流することによって**誤嚥性肺炎を引き起こす可能性が高くなります**ので、注意が必要です。

　また、経管栄養の最中に、腹部膨満がみられることがあります。滴下速度が速すぎる場合に見られることがあるため、その場合は滴下速度を遅くする必要があります。滴下速度が速すぎる場合、消化吸収が間に合わず、下痢を起こすこともあります。栄養剤の温度が低すぎることでも下痢になることがありますので、栄養剤は**常温の状態**で注入していく必要があります。

◎ 経管栄養の種類

胃ろう	胃に穴をあけて、直接、栄養剤を注入する
腸ろう	空腸、もしくは胃ろうより腸に栄養分を注入
経鼻経管栄養	鼻からチューブを胃まで挿入し、栄養分を注入

◎ 栄養剤（流動食）のタイプ

食品タイプ	ミキサー食など、自宅でつくることもできる
医薬品タイプ	医師の処方のもと購入できる
半固形タイプ	ミキサー食などドロドロしたもの。短時間注入が可能
滴下タイプ	点滴タイプ。時間をかけて注入する

食品タイプ　　　医薬品タイプ　　　半固形タイプ　　　滴下タイプ

ワンポイント

栄養剤のタイプに注意しましょう

食品タイプの栄養剤は、ミキサー食としてつくられた経験があるかもしれません。経口（口から）で食べる際には問題ありませんが、経管栄養で食べる場合は医師の指示が必要です。

08 経管栄養の実施手順

経管栄養を実施する際の流れと
注意すべき点を学びましょう

　経管栄養の必要備品は、栄養剤を入れるイリゲーター、半固形栄養剤や白湯を注入する**カテーテルチップシリンジ**、滴下の速度を設定する**クレンメ**などです。なじみがない用語が多いかもしれませんが、確実に覚えておきましょう。

　他に、計量カップや手袋なども必要に応じて使用します。経鼻経管栄養を行うときには、経鼻経管栄養チューブの栓も必要です。

経管栄養を実施する際の流れ

　経鼻経管栄養の開始前には、栄養チューブが胃に到達しているかの確認が必要です。しかし、これは介護職員が行うことができません。

　胃ろう・腸ろうについては、栄養チューブが外れていないかどうかの確認を介護職員が行うことができます。ただし、**癒着防止のために栄養チューブを回転させる**ことがありますが、この行為は看護職が行いますので間違えないようにしてください。

　注入前には、利用者の姿勢を整え、**上半身を30度〜45度上げます**。その状態から声かけをして注入を開始します。クレンメをゆっくり緩めると滴下が始まり、点滴筒と時計を見ながら速度を調節します。注入中は利用者に変化がないかを確認します。腹部膨満がないか、顔色に変化がないか、出血や嘔吐がないかなどを確認し、変化があったら看護職に連絡するなどの対応をします。

　注入が終了したら、経管栄養チューブを洗浄するために、カテーテルチップシリンジで**白湯をゆっくり注入**し、終了後にふたを確実に閉めます。注入直後の口腔ケアは行ってはいけません。また、逆流防止のために30分〜1時間、その状態を保ちます。その際も、利用者の状態観察を続けます。

◎ 経管栄養に必要な器具類

イリゲーター

カテーテルチップシリンジ

クレンメ

● 利用者の状態

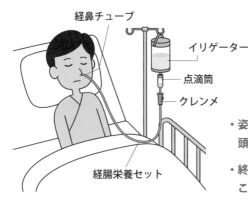

経鼻チューブ

イリゲーター

点滴筒

クレンメ

経腸栄養セット

・姿勢は30〜45度
　頭を上げている状態

・終了後も、30分〜1時間は
　この状態をキープする

①確認	胃ろう・腸ろうのチューブ確認 経鼻経管栄養のチューブ確認は看護職が行う
②接続・注入	間違いないよう接続、速度を確認しながら注入
③終了	カテーテルチップシリンジで白湯を注入 30分〜1時間程度、体位を保持する

ワンポイント

経管栄養でも使用する備品は覚えよう

喀痰吸引と同様、経管栄養でも必要備品を覚える必要があります。
また、滴下タイプと半固形タイプでは異なる部分があります。この
2つの違いについても理解しましょう。

医療的ケア領域

医療的ケア

〈問題1〉　Hさん（80歳、男性）は嚥下機能の低下があり、胃ろうを1か月前に造設して、自宅に退院した。現在、胃ろう周囲の皮膚のトラブルはなく、1日3回の経管栄養は妻と介護福祉職が分担して行っている。経管栄養を始めてから下肢の筋力が低下して、妻の介助を受けながらトイレへは歩いて行っている。最近、「便が硬くて出にくい」との訴えがある。

　　Hさんに対して介護福祉職が行う日常生活支援に関する次の記述のうち、**最も適切なものを1つ選びなさい。** （令和2年度・問題112）

　　1　入浴時は、胃ろう部を湯につけないように注意する。
　　2　排泄時は、胃ろう部を圧迫するように促す。
　　3　排便は、ベッド上で行うように勧める。
　　4　経管栄養を行っていないときの歩行運動を勧める。
　　5　栄養剤の注入量を増やすように促す。

ヒント　　下肢筋力の低下によって「便が硬くて出にくい」という訴えがあります。それに対して行う日常生活支援は何でしょうか？

〈問題2〉　経管栄養で用いる半固形タイプの栄養剤の特徴に関する次の記述のうち、**最も適切なものを1つ選びなさい。** （令和3年度・問題112）

　　1　経鼻経管栄養法に適している。
　　2　液状タイプと同じ粘稠度である。
　　3　食道への逆流を改善することが期待できる。
　　4　仰臥位（背臥位）で注入する。
　　5　注入時間は、液状タイプより長い。

ヒント　　まずは経管栄養の特徴を思い出し、不要な選択肢を消しましょう。そして、滴下と半固形の違いが何かを考えるとよいでしょう。

【正解】　問題1：4　　問題2：3

第 9 章

介護過程

8問出題される「介護過程」ですが、難問はありません。介護過程のプロセス(アセスメント・立案・実施・モニタリング)は頻出で、事例問題も出題されます。「根拠ある介護」の根底となる部分ですので、介護過程の意義を理解しながら学んでいきましょう!

01 介護過程の意義と目的

利用者が望む生活を実現するためには
介護過程が必要です

でる度 ★★☆

介護職として働くみなさんは、利用者に介護サービスを提供しているとき、いったい何を考えているでしょうか。なぜ、その方法で介護をしているのでしょうか。こう尋ねられると、戸惑ってしまう人もいるかもしれません。

家族介護という言葉があるように、介護は家族にもできる行為です。しかし、家族介護と介護職が提供する介護には、根本的な違いがあるはずです。

そこで出てきたのが介護過程という考え方です。かつては、介護というものは、**利用者の目先の困りごとにアプローチ**していました。家族介護はそれでよいかもしれませんが、介護職は、その利用者の「人生」までを見通していかなければなりません。介護過程とは、**利用者が望む生活を実現するための計画を立案し、実施、評価する一連のプロセス**のことです。

利用者の「人生」を見て、自立実現を支援していく介護を提供する

たとえば、家庭内に「ひとりでお風呂に入れない」という人がいた場合、家族なら、見よう見まねで抱え、浴槽に入れ、洗い、濡れた身体を拭き、パジャマを着せるという介護ができればよいでしょう。

しかし、専門職による介護は、それだけではダメです。「なぜこの利用者には入浴の介護が必要なのか」「どうすれば安全に入浴できるのか」「どういう支援をすればよいのか」を考えて介護をしなければなりません。

さらに、「入浴を提供することだけで利用者は満足なのか」「利用者は、この先どのような人生を送りたいのか」までを考える必要があります。

このような話をすると、多くの介護職は「そこまで考えていない」と答えるのですが、その利用者の居宅サービス計画書にはそこまで書かれています。この機会に一度チェックをしてみるのもよいでしょう。

◎ 介護過程の意義

介護職は、「この人には、なぜ、この介護が必要なのか？」「いまどういう状態なのか？」と考える必要があります

これは1人でできますね！

今、本人に必要な介護

専門職

要介護者

手首と腰を痛めたわ……

あれもこれもやってあげる！

家族

力まかせの介護

◎ 居宅サービス計画（ケアプラン）

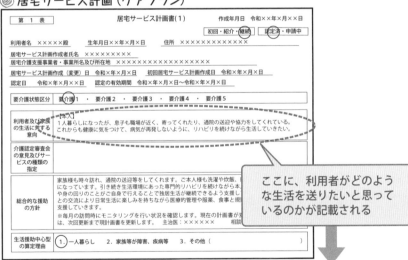

ここに、利用者がどのような生活を送りたいと思っているのかが記載される

利用者の「人生」が見えてくる！

ワンポイント

介護過程の考え方は絶対に理解しよう

介護過程は、利用者が望む生活、その人らしい生活を実現するためにあります。介護福祉職に限らず、「根拠ある介護」を実施するために必須の考え方です。介護の現場において大切ですから、しっかりと理解しましょう。

02 介護過程のプロセス

でる度 ★★★

利用者が抱える課題を解決するための
介護過程のプロセスについて確認しましょう

　前項では、介護職の介護に対する姿勢についてお話ししました。では、そうした姿勢はどのように形成されていくのでしょうか。

　介護職が提供する介護と家族介護との大きな違いは専門性です。ここでは専門性のある介護について考えていきます。

介護過程は4つのプロセスで進めていく

　家族介護を行う理由は、目の前に困り事があり、それを解消するためです。しかし、専門職による介護は、それだけではありません。その人にどういう介護が必要なのかを見い出し、それを提供するために必要な支援を行います。つまり、「Aさんはこういう状態でこういうことが必要なため、こういう方法で提供します」というように、**介護に根拠が必要**となります。

　そうした根拠を持つには、Aさんのことをよく知る必要があります。介護過程のプロセスのスタートは、情報収集です。情報が集まったら、その情報を分析します。情報収集も含めた分析を「**アセスメント（課題分析）**」と呼んでいます。そして、それを**計画**に落とし込んで**実施**します。さらに、実施した内容を振り返る**評価(モニタリング)**を行います。この4つの流れをしっかり覚えましょう。

　この話を介護職の方にすると、「介護過程と**ケアマネジメント**は、どう違うのですか？」という質問をよく受けます。

　ケアマネジメントは、介護だけでなく、保健医療サービスなども含まれ、幅広い視点で利用者さんを俯瞰することができるのに対し、介護過程は**あるサービス（訪問介護や通所介護）に限定して行う**ので、より深い内容となります。

◎ 介護過程のプロセス

| アセスメント | → | 立案 | → | 実施 | → | モニタリング |

- ・情報収集
- ・分析

- ・目標設定
- ・支援内容の決定

- ・計画内容の実施

- ・目標の到達度確認
- ・計画の修正の必要性

◎ 介護過程とケアマネジメントの違い

●ケアマネジメント（居宅サービス計画）

・利用者の全体像が理解しやすいが、細かい部分についてはわからない

●介護過程（訪問介護計画・通所介護計画）

・それぞれのサービスが具体的にどのように提供されているかを記載する
・具体的な訪問介護計画は241ページを参考に

月	火	水	木	金	土	日
訪問介護	訪問介護	通所介護	通所介護	訪問介護		

それぞれ計画する方法は異なりますが、目指すゴールは同じです

ワンポイント

介護過程は各プロセスについても問われます

試験では、介護過程のそれぞれのプロセスが理解できているかどうかが問われます。事例問題も出題されていますが、アセスメント→介護計画の立案→実施→評価（モニタリング）という、それぞれのプロセスが理解できていれば、いずれも正解できるでしょう。

03 アセスメント①

利用者のニーズを効果的に把握するためには
主観的情報と客観的情報を区別して収集します

アセスメントとは、**課題分析や事前評価**などを意味する言葉です。利用者に対して**根拠ある介護**を行うためには、なぜその利用者にこの介護が必要なのかを説明できなければなりません。そのために、さまざまな視点から情報を収集し、分析します。

課題分析の「課題」とは、「利用者が望む生活をするために、この部分を解決しなければならない」という利用者のニーズを意味しています。

たとえば、「お風呂に入りたい」という希望があれば、現在の身体状況について詳しく尋ねます。そして、「この部分のことが今はできないので、ヘルパーさんに支援してもらいたい。この部分は自分で行う」などと具体的なニーズを明らかにしていきます。

「主観的情報」と「客観的情報」のどちらの情報も収集する

アセスメントは、情報収集から始まります。収集した情報は、利用者から得た主観的情報と利用者の周囲から得た客観的情報に分類します。

もちろん、介護サービスは利用者本位であるため、主観的情報は重視されます。しかし、分析する際には、必ずしも主観的情報のみを採用するわけではありません。

たとえば、何を尋ねても「私、できます！」と答える認知症の利用者がいたとします。主観的情報だけを採用すると「すべてできる」ということになってしまいます。逆に、こちらが先入観を持ち、「『できる』と言っているけど、できないだろう」と決めつけるのもよくありません。このような場合は、その利用者のことをよく知る家族などからも情報（客観的情報）をしっかりと収集し、**利用者のありのままの姿を評価**しなければなりません。

◎ 介護過程のアセスメント

健康状態	服薬、疾患など
心身機能・身体構造	現在の症状、要介護状態など
活動	ADL、IADL、福祉用具など
参加	生活への意欲、他者とのかかわり、社会での役割など
環境因子	家族構成、住宅の状況、サービスの利用状況など
個人因子	年齢、生育歴、ライフスタイルなど

利用者の生活を把握するには、ICF（国際生活機能分類）の分類法が役立ちます

◎ アセスメントでは主観的情報と客観的情報が必要

主観的情報

利用者に接し、利用者本人から得る情報

客観的情報

利用者の周囲の人など、利用者以外から得る情報

📖✒ ワンポイント

ICF の構成と利用者の情報収集はポイントです

利用者の生活を理解するうえで、ICF の観点が重要です。ICF の構成は押さえておきましょう。試験では、利用者の情報収集についての方法や留意点についての問題も出題されています。

アセスメント②

情報を収集した後は、その内容を検討し、解釈・関連づけ・統合化という流れで課題を明らかにします

アセスメントのプロセスにおいて、情報を収集した後は、必ず検討をします。集めた情報が事実であるか、正確であるか、先入観や偏見はないかなど、あらゆる視点で検討していく必要があります。収集した情報は、すべて使わなければならないわけではありません。情報の取捨選択も必要です。

収集した情報を解釈・関連付け・統合化して、課題を明確にする

収集後に検討した情報は、解釈・関連付け・統合化を行います。わかりやすく言うと、得られた情報について理解を深め、そこから必要な情報をピックアップしてまとめるという作業になります。

この作業をするときには、**①健康状態が悪化しないか、②自立ができていない点がないか、③その人らしく生活できていない点はないかという３つの視点**を意識して取り組みます（この３つの視点は、試験にも出ています。覚えておきましょう）。

利用者の課題（ニーズ）が出てきたら、それを明確化させる必要があります。その際、現在見えていること（顕在的課題）だけでなく、見えていないもの（潜在的課題）にも着目する必要があります。

たとえば、「お風呂に入れていないこと」が顕在的課題であれば、お風呂に入れないことにより感染症になってしまう可能性（潜在的課題）も予見しなければなりません。そうすると、単に入浴の介護を実施するだけでなく、清潔保持ができているか、皮膚に褥瘡ができていないかといったチェックの実施も必要です。こうした視点を持ってアセスメントしていかなければ、根拠ある介護とはいえないのです。

実際に介護を提供することも大切ですが、アセスメントを正しく行うことは、それ以上に重要なことです。

◎ 収集した情報を検討・分析して生活課題（ニーズ）を抽出する

情報の検討

・その情報は事実か？

・必要な事実をすべてつかんでいるか？

・十分な情報量を収集しているか？

・先入観や偏見を持たずに情報を収集したか？

情報整理

情報の収集・分析

情報の分析方法	
解釈	：情報の意味を考え、理解する
関連づけ	：それぞれの事実を結びつける
統合化	：情報を整理し、まとめあげる

アセスメントは正しく効果的な支援を行うための重要なプロセスです

生活課題（ニーズ）の抽出

ワンポイント

事例問題では優先される生活課題が出ます

情報収集から生活課題の抽出までのポイントを学んでおきましょう。事例問題では「優先される生活課題」について出題されています。アセスメントのプロセスとして、解釈、関連付け、統合化に沿って生活課題を導き出せるようにしましょう。

05 目標の共有

大きな目標（長期目標）に到達するために
小さなコツコツ（短期目標）を達成していきます

目標が明確でない計画では、何事も頑張れません。目標があるからこそ、計画を立てて歩みを進められます。介護過程の目標は、前項のアセスメントで導き出した**利用者のニーズ（課題）を解決すること**です。

目標は、長期目標と短期目標を設定する

今、みなさんの目標は、試験に合格することですね。では、合格するために何をしていますか？　人によってさまざまな答えが返ってくると思いますが、「この本をまず読む」とか「問題集を1冊解いてみる」といった方法も出てくるかもしれませんね。こうした小さなことをコツコツと継続することによって、介護福祉士試験の合格に近づいていることは確かです。

介護過程では、大きな目標を**長期目標**、小さなコツコツを**短期目標**と呼びます。ニーズの解決のためには、段階があり、順番があり、方法があります。計画を見れば、それらがすべてわかるようにしておきます。

たとえば、お風呂に入れていない片麻痺の利用者がいて、「1人でお風呂に入りたい」と考えているとします。もちろん、いきなり1人で入浴することはできませんから、最初はヘルパーさんの全介助で入浴します。そこで、まずは「お風呂に入れていない」という課題を解決します。

次に、1人で入りたいという希望をかなえるため、手すりをつけたり、リハビリテーション（以下「リハビリ」）を継続して、徐々に自分自身でできる部分を増やしていきます。そして、最終的に1人で入れるまで回復したら、それを継続するためのリハビリを行います。

このとき計画上では、「1人でお風呂に入りたい」（長期目標）ために、「手すりをつける」「ヘルパーさんに手伝ってもらう」「リハビリを行う」という3つの短期目標を設定しているのです。

◎ 目標の種類

長期目標	最終的に解決すべき課題
短期目標	長期目標に向けた段階

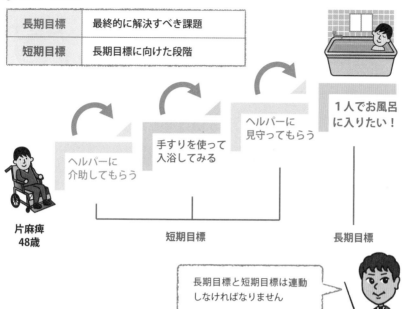

片麻痺
48歳

短期目標

長期目標

長期目標と短期目標は連動しなければなりません

◎ 目標を設定するときのポイント

ポイント1 利用者を主語として書く

ポイント2 具体的な表現で書く

ポイント3 測定可能なもの（数字など）を記載する

ワンポイント

長期と短期の目標の中身をチェックしよう

利用者のニーズ（生活課題）を解決するために、短期と長期に分けて目標を設定することが求められています。設定された目標が「利用者主体となっているか」「実現可能かどうか」「具体的かどうか」をしっかりチェックしましょう。

06 計画の立案と実施、評価

目標に到達するための計画を作成し、それに沿っ
て実際に介護サービスを提供していきます

さて、いよいよ目標に到達するための**計画**を作成していきます。きちんと
情報収集・分析し、目標設定ができていれば、利用者の意向に沿った計画が
作成できるはずです。

この計画は、介護職だけでなく、利用者やその家族も見るものです。その
ため、専門用語の使い過ぎや抽象的な内容は避けます。

計画には、目標に到達したかどうかを判断する**評価基準**も明記します。こ
の評価基準は、この後、モニタリングを行う際に参考になります。

モニタリングで、目標到達度や新たな課題がないかをチェック

計画ができたら、その計画に沿って介護サービスを**実施**していきます。実
施段階においては、5W1H（いつ、どこで、だれが、なにを、なぜ、どの
ように）を明確にした介護記録を残すことが重要です。たとえば、実際に実
施してみると、計画通りに進まないこともあります。そういうときには、す
ぐに計画を変更するのではなく、うまくいかない原因を探ります。このとき
にも介護記録は役立ちます。

うまくいったかどうかを点検するのが評価（モニタリング）です。**設定し
た目標が達成できそうかどうか**、**新たに課題が発生していないか**などについ
てもチェックして評価します。

残念ながらうまくいかなかった原因がアセスメント不足にある場合もあり
ます。当然ですが、情報不足や誤った情報を元に立案された計画はうまくい
きません。だからこそ、アセスメントが重要なのです。

うまくいかなかった場合は**再アセスメント**を行い、再び目標設定や計画を
立案します。もちろん、ないに越したことはないのですが、早い段階で気づ
いて修正するためにも、実施状況のモニタリングは定期的に行いましょう。

◎ 介護計画の作成

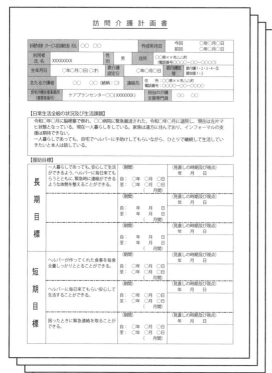

訪問介護計画書

| 訪問介護（サービス提供責任者）氏名 | ○○　○○ | | | 作成年月日 | 今回 | ○年○月○日 |
| | | | | | 前回 | ○年○月○日 |

利用者氏名	XXXXXXXX		性別	男	住所	○○県××市△△町（電話番号○○○○-○○-○○○○）
生年月日	○年○月○日（○才）		要介護認定日		○年○月○日	要介護度等	要介護1・2・3・4・⑤　要支援1・2
主たる介護者	○○　○○（続柄：○）		連絡先		住所：○○県××市△△町　電話番号：○○○○-○○-○○○○
委託介護支援事業所（事業者番号）	ケアプランセンター○○（XXXXXXX）				担当者の介護支援専門員	○○　○○

【日常生活全般の状況及び生活課題】
令和○年○月に脳梗塞で倒れ、○○病院に緊急搬送された。令和○年○月に退院し、現在は左片マヒ状態となっている。現在一人暮らしをしている。家族は遠方に住んでおり、インフォーマルの支援は期待できない。
一人暮らしであっても、自宅でヘルパーに手助けしてもらいながら、ひとりで継続して生活していきたいと本人は話している。

【援助目標】

		（期間）	（見直しの時期及び視点）年　月　日
長期目標	一人暮らしであっても、安心して生活ができるよう、ヘルパーに毎日来てもらうとともに、緊急時に連絡ができるような体勢を整えることができる。	自：○年　○月　○日 至：○年　○月　○日（　　月間）	
		（期間）	（見直しの時期及び視点）年　月　日
		自：　年　月　日 至：　年　月　日（　　月間）	
		（期間）	（見直しの時期及び視点）年　月　日
		自：　年　月　日 至：　年　月　日（　　月間）	
短期目標	ヘルパーが作ってくれた食事を毎食全量しっかりととることができる。	（期間） 自：○年　○月　○日 至：○年　○月　○日（　　月間）	（見直しの時期及び視点）年　月　日
	ヘルパーに毎日来てもらい安心して生活することができる。	（期間） 自：○年　○月　○日 至：○年　○月　○日（　　月間）	（見直しの時期及び視点）年　月　日
	困ったときに緊急連絡を取ることができる。	（期間） 自：○年　○月　○日 至：○年　○月　○日（　　月間）	（見直しの時期及び視点）年　月　日

実際にこの計画に沿ってサービスを実施していきますから、ケアプランよりも具体的に記載します

◎ 評価（モニタリング）の目的

評価基準	できていないときは？
計画通り実施しているか？	計画の見直し、内容の確認
目標は達成したか？	期間の延長、目標の再設定
新たな課題はないか？	再アセスメントの実施

📖 ワンポイント

計画の実施だけでなく評価も出題されます

実施するだけでなく、その後の評価（モニタリング）も重要です。短期目標の実施期間の終了と同時に、計画内容に照らして目標達成度をチェックし、新たな生活課題が生じていないかなど評価します。

07 介護過程とチームアプローチ

介護サービスをチームで提供していく
チームアプローチの重要性について学びましょう

　自分の都合のよい時間帯を登録し、そこにケースがあれば働くという介護職の働き方があります。一般的に「**登録ヘルパー**」と呼ばれています。登録ヘルパーは、基本的に**直行直帰**（ちょっこうちょっき）**で利用者宅を訪問**し、利用者と1対1で接して業務にあたります。そのため孤独な仕事と思われがちですが、ほかの日に訪問している別のヘルパーと連携して業務にあたっていますから、まったくの孤独というわけではありません。たとえば、利用者宅に**申し送り事項を記載する連絡ノートが設置**されている場合もあります。

　ここで、このような場合での**チームアプローチ（多職種連携）**についても考えてみましょう。

　ある登録ヘルパーが、利用者の入浴介助時に褥瘡を発見しました。褥瘡はすぐに重症化します。連絡ノートには記載しましたが、次に来たヘルパーが見落とし、医療職に伝わらない可能性があります。一刻も早い処置が求められるので、登録ヘルパーはサービス提供責任者（訪問介護事業所に配置されている、サービス運用に関する責任者）にも速やかに報告しました。

　このように、利用者を中心にして、医療職や介護職などが職種を超えて情報共有等の連携をしながら介護サービスを提供していくのが**チームアプローチ**です。

サービス担当者会議とケアカンファレンス

　ケアマネジメント（介護支援サービス）においても、チームアプローチが求められますから、**サービス担当者会議**を開催しなければなりません。

　また、同職種間でも、**ケアカンファレンス**を随時開催し、情報の共有を行わなければなりません。登録ヘルパーもこれに参加しますから、決して孤独ではありませんね。

◎ チームアプローチ

●訪問介護はチームで動いている

利用者Aさん

① 登録ヘルパーが訪問時に
   Aさんの褥瘡を発見！

② 登録ヘルパーが
   サービス提供責任者へ報告

③ サービス提供責任者が
   訪問看護に報告

④ 主治医に確認

⑤ 主治医より指示

⑥ 訪問看護により処置

●チームアプローチ（多職種連携）

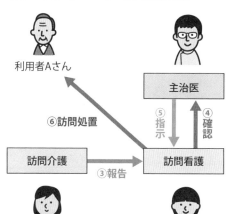

チームの連携がなければ、Aさんの褥瘡は悪化してしまう可能性があります

 ワンポイント

チームアプローチで質の高い支援が提供できます

チームアプローチは、利用者の支援に関わる医師・看護師・介護支援専門員などがチームを組んで介護を行うことです。それにより、質の高い支援の提供が可能となります。介護保険サービスでは、チームアプローチは欠かせません。

介護領域

介護過程

〈問題〉 Mさん（78歳、女性、要介護2）は、認知症対応型共同生活介護（グループホーム）に入居している。楽しみは、お風呂に入って肩までつかることである。身体機能に問題はない。短期目標を、「見守りのもと、一人で入浴する（3か月）」と設定し、順調に経過していた。

　1か月が過ぎた頃、朝の申し送りで、「Mさんが昨日浴室を出ようとしたときに足を滑らせたが、転倒はしなかった。念のため受診したが問題はなかった」と報告があった。その日の夕方、介護福祉職が入浴に誘うと、「行きたくない」と強い口調で断った。それから1週間入浴していないことを心配した介護福祉職が居室を訪ねて、安全に入浴できるように浴室内を整えたことを伝えた。しかし、Mさんは、「怖いから」と小声で言った。

　再アセスメントによって見直した支援の方向性として、**最も適切なものを1つ**選びなさい。

（令和2年度・問題66）

1　湯船につかる自信を取り戻す支援
2　浴室内の移動の不安を取り除く支援
3　浴室まで安全に移動できる支援
4　足浴で満足感を得ることができる支援
5　身体機能を改善する支援

ヒント　Mさんの言葉に着目しましょう。最後に「怖いから」とおっしゃっています。この不安感を取り除く必要がありますね。

【正解】　2

第 10 章

総合問題の考え方

　総合問題も、基礎的な知識が身についていれば、難しくはありません。事例の文章をしっかり読んで、そこに書かれている内容を整理して問題に取り組みましょう。「考え方のポイント」を参考にしてください！

01 特性や価値観を理解する

利用者の特性と価値観を理解して、
寄り添った対応が求められています

次の事例を読んで、後の問題に答えなさい。

〔事例〕

　Ｌさん（78 歳、女性）は一人暮らしをしている。「もったいない」が口癖で、物を大切にし、食べ物を残さないようにして生活している。

　半年前、脳の細い血管が詰まっていることがわかり、入院して治療を受けた。左半身にしびれがあり、右膝の変形性関節症で痛みもあったために、介護保険の申請をしたところ、要介護１になった。家事はできるだけ自分でしたいという希望から、週に２回、訪問介護（ホームヘルプサービス）を利用して、掃除と調理を訪問介護員（ホームヘルパー）と一緒にしている。

〔問題〕

　ある日、Ｌさんと一緒に調理していた訪問介護員（ホームヘルパー）は、賞味期限が２日前に切れた缶詰を見つけた。Ｌさんに対して訪問介護員（ホームヘルパー）がとる行動として、**最も適切なもの**を１つ選びなさい。

（令和元年度・問題 115）

　1　黙って処分する。
　2　食べてはいけないと伝える。
　3　食べやすいように、缶のふたを開けておく。
　4　食べ方を相談する。
　5　保存容器に移して保管するように勧める。

この事例における利用者のイメージ

もったいない！

- **情報** Lさん　78歳女性　要介護1
- **疾患** 脳梗塞、変形性関節症
- **現状** 訪問介護を週に2回

考え方のポイント

「賞味期限が切れたものは捨てなければならない」はヘルパーの価値観です。
Lさんは物を大切にする人であるため、賞味期限だけで判断はできません。
Lさんの価値観に寄り添うなら、賞味期限が切れた缶詰をムダにしないためにどうすればよいかをLさんと考えていけばよいでしょう。

〔対応例〕

ヘルパー「これ、賞味期限が切れていますが、どうしますか？」
利用者　「捨てるのはもったいない」
ヘルパー「では、火を通したりして、食べられますか？」

〔解答と解説〕

1　×　利用者のものを勝手に処分してはいけない。
2　×　賞味期限と消費期限は異なるので、食べていけないわけではない。
3　×　Lさんは、缶のふたは自分で開けられる。
4　○　Lさんの気持ちを尊重し、相談をしているので、これが正解。
5　×　できるだけ早く食べたほうがよいので、さらに保管するのは不適切。

【正解】　4

02 過去問スタディ②
病名から症状をつかむ

利用者の病名から症状名と
どのような症状が現れるかを知りましょう

次の事例を読んで、後の問題に答えなさい。

〔事例〕

　Dさん（38歳、男性、障害支援区分3）は、1年前に脳塞栓を発症し左片麻痺となった。後遺症として左同名半盲、失行もみられる。現在は週3回、居宅介護を利用しながら妻と二人で生活している。ある日、上着の袖に頭を入れようとしているDさんに介護福祉職が声をかけると、「どうすればよいかわからない」と答えた。普段は妻がDさんの着替えを手伝っている。食事はスプーンを使用して自分で食べるが、左側にある食べ物を残すことがある。Dさんは、「左側が見づらい。動いているものにもすぐに反応ができない」と話した。最近は、日常生活の中で、少しずつできることが増えてきた。Dさんは、「人と交流する機会を増やしたい。また、簡単な生産活動ができるようなところに行きたい」と介護福祉職に相談した。

〔問題〕

Dさんにみられた失行として、**適切なもの**を1つ選びなさい。

（令和4年度・問題120）

1　構成失行

2　観念失行

3　着衣失行

4　顔面失行

5　観念運動失行

248

この事例における利用者のイメージ

人と交流する機会を増やしたい。また、簡単な生産活動ができるようなところに行きたい。

- **情報** Dさん　38歳
- **疾患** 脳塞栓(左片麻痺・左同名半盲・失行)
- **現状** 週3回居宅介護利用・妻が介護をしている

💡 考え方のポイント

Dさんには、脳塞栓による左片麻痺・左同名半盲(左半側空間無視)・失行などの症状があります。上着の袖に頭を入れようとしている「失行」をなんというか考えましょう。

〔解答と解説〕

1　×　**構成失行**とは、眼で捉えた形から空間を把握できない失行であり、積み木で簡単な物を作れないなどの症状が出る。

2　×　**観念失行**とは、目的のある運動行為を自動的または指示によって行うことができない失行であり、歯磨き粉を歯ブラシにつけてうまく歯を磨けないなどの症状が出る。

3　○　**着衣失行**とは、着衣の着方がわからなくなる失行で、袖に頭を入れてしまうなどといった症状が出る。

4　×　**顔面失行**とは、口元に関係する表情筋を使った意図的な動作の実行が困難である失行で、ろうそくを吹き消すふりができないなどの症状が出る。

5　×　**観念運動失行**とは、指示された動作はできないが、自動的な動作はできる失行であり、繰り返し同じ行動は行うことができる。

【正解】　3

訴えから適切な対応をとる

利用者が訴えている内容を読んで
適切な対応を考えましょう

次の事例を読んで、後の問題に答えなさい。

〔事例〕

　Dさん（59歳、女性）は30年前に関節リウマチを発症して、現在、障害者支援施設に入所している。Dさんは、朝は手の動きが悪く痛みがあるが、午後、痛みが少ないときは関節を動かす運動を行っている。足の痛みで歩くのが難しく車いすを使用しているが、最近は手の痛みが強くなり、自分で操作することが難しい。また、食欲がなく、この1カ月間で体重が2kg減っている。夜中に目が覚めてしまうこともある。

〔問題〕

　Dさんは、「ここ数日、朝だけでなく1日中、何もしないのに手足の痛みが強くなってきた」と訴えている。日常生活で、Dさんが当面留意すべきこととして、**最も適切なもの**を1つ選びなさい。　　　（令和元年度・問題125）

    1　前あきの衣類より、かぶりの衣類を選ぶ。

    2　ベッドのマットレスは、柔らかいものを使用する。

    3　関節を動かす運動を控える。

    4　できるだけ低いいすを使う。

    5　頸部が屈曲位になるように、高めの枕を使用する。

この事例における利用者のイメージ

手足が痛い
食欲がない
夜中に目が覚める

・**情報** Dさん 59歳女性
・**疾患** 関節リウマチ
・**現状** 障害者支援施設に入所

考え方のポイント

関節リウマチのDさんは、手足の痛みを訴えています。その痛みを軽減させるための選択肢は3しかありません。かぶりの衣類は前あきの衣類と比べて多くの関節を使わなければならず、今のDさんには負担がかかることが想像されます。このように、利用者の訴えが問題文に記載されている場合は、それを軽減することができる方法を考えましょう。

〔解答と解説〕

1　×　かぶりの衣類は脱ぎ着に負担がかかるので、不適切です。

2　×　やわらかいマットレスは身体が沈み込むため、起き上がるのに力が必要です。

3　○　痛みが強いときには関節を動かす運動を避けたほうがよいです。

4　×　低いいすは立ち上がるときに力が必要になるので大変です。

5　×　高めの枕は首に負担がかかってしまいます。

【正解】　3

04 過去問スタディ④
利用者に即したサービスを選択する

事例から利用者の意向や状態を読み取り、
適切なサービスを選びましょう

次の事例を読んで、後の問題に答えなさい。

〔事例〕

　Dさん（70歳、男性）は、19歳のときに統合失調症を発症し、入退院を繰り返しながら両親と一緒に生活してきた。両親が亡くなったことをきっかけとして不安に襲われ、妄想や幻聴の症状が強く現れるようになった。そのため、兄に付き添われて精神科病院を受診し、医療保護入院となった。現在は、入院から3年が経過し、陽性症状はほとんどなく、病棟で日中はレクリエーションに参加するなど落ち着いて生活している。

〔問題〕

　1年前からDさんの退院について検討が行われてきた。Dさんは退院後の生活に対する不安があり、「帰る家がない」、「顔見知りの患者や職員がいるのでここを離れたくない」と退院には消極的であった。しかし、Dさんと仲のよい患者が、退院し施設入所したことをきっかけに退院を考えるようになった。Dさんは、整容、入浴、排泄、食事、移動は見守りがあればできる。また、介護福祉職の助言を受ければ、日用品などを買うことはできる。経済状況は、障害基礎年金2級と生活保護を受給している。要介護認定を受けたところ、要介護1と認定された。Dさんの退院先の候補になる施設として、**最も適切なもの**を1つ選びなさい。　　　　　　（令和3年度・問題118）

1　養護老人ホーム　　　4　地域生活定着支援センター

2　老人福祉センター　　　5　介護老人福祉施設

3　更生施設

この事例における利用者のイメージ

この病院を離れたくないが、仲のよい友だちも退院したし、自分も退院したほうがよい

- **情報** Dさん　70歳男性　要介護1
- **疾患** 統合失調症
- **現状** 精神科病院に入院中

 考え方のポイント

Dさんが退院した後に入所できる施設を検討します。まず、事例からDさんの状態を読み取り、Dさんが望んでいる生活が送れるのは、どの施設なのかを考えます。また、Dさんの状態によって、入所できる・できないもあります。たとえば、「5 介護老人福祉施設」は、原則要介護3以上の人しか入所できないため、要介護1であるDさんは対象外となります。

〔解答と解説〕

1 ○　養護老人ホームはDさんの状態であれば入所が可能です。

2 ×　老人福祉センターは入所施設ではありません。

3 ×　更生施設は生活扶助を行うことを目的とする施設です。Dさんの現状は、見守りがあればできることが多いので、入所する必要はありません。

4 ×　地域生活定着支援センターは矯正施設退所者が対象ですから、Dさんは対象外です。

5 ×　介護老人福祉施設には、要介護1のDさんは入所できません。

【正解】　1

思いを受容して言葉をかける

受容・傾聴・共感の姿勢を持って
具体的な言葉かけを考えましょう

次の事例を読んで、後の問題に答えなさい。

〔事例〕

Jさん（83歳、女性）は一人暮らしである。人と付き合うのが苦手で、近所付き合いもあまりなく、一人で静かに生活していた。80歳を過ぎた頃から右膝に痛みが出て、変形性膝関節症と診断されたが、近くのスーパーへの買物や、近所の散歩には出かけていた。1か月ほど前から膝の痛みが悪化し、散歩にも行かなくなった。食事量が減って痩せてきてしまい、一日中、座ってテレビを見て過ごしている。

〔問題〕

Jさんは、食事量は回復したが、膝に痛みがあり、家の中ではつかまり歩きをしていた。要介護認定を受けたところ要支援2と判定され、家の近くの第一号通所事業（通所型サービス）を利用することになった。通所初日、車で迎えに行くと、Jさんは、「心配だからやっぱり行くのはやめようかしら」と介護福祉職に言い、玄関の前からなかなか動かなかった。

このときの介護福祉職の言葉かけとして、**最も適切なもの**を1つ選びなさい。

(令和2年度・問題115)

1 「急ぎましょう。すぐに車に乗ってください」
2 「心配なようですから、お休みにしましょう」
3 「歩けないようでしたら、車いすを用意しましょうか」
4 「初めてだから心配ですね。私もそばにいるので一緒に行きませんか」
5 「Jさんが行かないと、皆さん困ってしまいますよ」

この事例における利用者のイメージ

人と付き合うのが苦手
デイサービスへ行くのが
不安

- **情報** Jさん　83歳女性
- **疾患** 変形性膝関節症
- **現状** 膝の痛みが悪化し、1日中
座ってテレビを見ている

 考え方のポイント

初めて行く通所介護にJさんは不安を抱えているようです。Jさんはもともと人付き合いが苦手であるため、いざその場に立ったときに不安が出たのでしょう。2の「休みましょう」は一見よさげな選択肢ですが、休んでしまうと同じことを繰り返す可能性があります。不安であるという気持ちを受容し、どうすればJさんに安心してもらえるかを考えてみるとよいですね。

〔解答と解説〕

1　×　Jさんの気持ちを全く考えていません。

2　×　Jさんの気持ちを考えていますが、本当に休んでしまってよいでしょうか。

3　×　Jさんは歩くことはできるため、車いすを使う必要はありません。

4　○　Jさんに安心してもらえるよい声がけです。

5　×　Jさんの気持ちに寄り添った発言とは言えません。

【正解】　4

馬淵　敦士（まぶち　あつし）
かいごのがっこう ベストウェイケアアカデミー学校長。株式会社ベ
ストウェイ代表取締役社長。近畿大学非常勤講師。小学校教諭専修免
許状・特別支援学校教諭専修免許状・介護支援専門員・介護福祉士・
社会福祉士・公認心理師。修士（教育学）・奈良教育大学大学院教育
学研究科修了。
大学在学中より障がい者のホームヘルパー・ガイドヘルパーに従事し、
卒業後、NPO法人CIL豊中に入職。法人設立時より理事に就任し、サー
ビス提供責任者や管理者に従事する。専門的福祉教育の充実化を目
指し、2007年1月、株式会社ベストウェイを設立。代表取締役に就任。
大阪府豊中市を中心に、「かいごのがっこう　ベストウェイケアアカ
デミー」を設置し、介護人材の育成を行っている。介護系受験対策に
精通し、介護福祉士・ケアマネジャー受験対策講座を各地で開催し、
全国合格率を大幅に上回る実績を残している。
著書に『ゼロからスタート！ 馬淵敦士のケアマネ1冊目の教科書』
（KADOKAWA）などがある。

改訂版　ゼロからスタート！
馬淵敦士の介護福祉士1冊目の教科書

2024年2月2日　初版発行

著者／馬淵　敦士

発行者／山下　直久

発行／株式会社KADOKAWA
〒102-8177　東京都千代田区富士見2-13-3
電話 0570-002-301(ナビダイヤル)

印刷所／株式会社加藤文明社印刷所

製本所／株式会社加藤文明社印刷所

●お問い合わせ
https://www.kadokawa.co.jp/ （「お問い合わせ」へお進みください）
※内容によっては、お答えできない場合があります。
※サポートは日本国内のみとさせていただきます。
※Japanese text only

定価はカバーに表示してあります。

©Atsushi Mabuchi 2024　Printed in Japan
ISBN 978-4-04-606680-0　C3036